正誤表

「沖縄ゼネスト 50 年」に誤りがあり読者の皆様には大変ご迷惑をおかけいたしました。下記を訂正して[illegible]上げます。

JN089271

森口 豁 42P 上段 13行目 追加

久茂地の集会所を借り切って二日間にわたり開いた古本市は大成功。確か40万円も売り上げた。ほぼ同時に進行中の「フィルム押収事件」の裁判も金が必要で、こちらでも古本市がしたかったが、ここは「松永裁判」を優先した。機動隊員という「検察の身内」の死をめぐる刑事裁判で、被告が無罪を勝ち取るのは至難の業。必勝態勢で臨んだ。

八海事件など数々の裁判で無実の被告を救い出したことで名高い青木英五郎弁護士や、連合赤軍事件の弁護に当たった反骨の弁護士、井上正治氏も参戦。切々と、時に朗々と人理を説く青木と、検察のウソを舌鋒鋭く暴き出す井上、つまり「情」と「理」のコンビネーションが圧巻で、傍聴人をも唸らせた。

「返還協定粉砕11・10ゼネスト」から50年、米軍基地は日米両政府の二重権力に守られ微動だにしないばかりか、宮古、八重山などの島々は自衛隊の長距離ミサイルが林立する「盾の島」と化そうとしている。「復帰」とはおよそ名ばかりだ。11・10ゼネストは終わってなんかいないのである。

53P　11行目　追加

シンポに寄せて

ゼネストから50年　私の場合

星野　暁子

1971年11・10沖縄ゼネストの4日後に闘われた東京での「11・14渋谷」からも50年になる。

星野文昭は機動隊員1名が死亡したことで、殺人罪で無期懲役刑をかけられた。「やっていない以上、再審を闘う」として、1996年再審請求を提訴。解放を求めて仮釈放にも取り組んできた。

だが2年前に東京の東日本成人矯正医療センターで、文昭は無念の死を遂げた。必要な検査を行わず、肝臓がんの発見を遅らせた徳島刑務所と移監になった医療センターでの術後の対応の誤りによって、殺されたのだ。現在、この国家犯罪を追及するために国家賠償請求訴訟を闘っている。

佐藤政権が押し進めた「返還」政策は、核も基地もない平和な島を求める沖縄の人々の願いを踏みにじるものであった。文昭の獄中44年の闘いは、「復帰」以降なおも苦悩し続ける沖縄の闘いと一体のものとしてあった。

私は、1984年に裁判の傍聴を通して文昭に出会い、86年に獄中結婚した。当時の文昭の手紙を読むと「暁子との愛によって、自分は甦った」と何度も記している。国家権力の総力をあげた死刑求刑＝無期攻撃に満身創痍で闘い、孤立し、拘禁性ノイローゼを患った。

私たちは獄中結婚によって、文昭が「星野＝暁子闘争」と名づけたように、闘いの立脚点をつくることができた。私は自分の人生を文昭の再審を勝ち取るためにすべてをかける形に作り変えた。そして生き抜いてきたことに後悔はない。

「沖縄闘争を闘ったことで自分は人間になれた」と文昭は言う。「沖縄の人たちが本土に生きる僕らに何を求めているかを考えたら、こういう言葉になった」と、文昭は言っていた。

ペテン的な「返還」阻止に生命をかけ、国家権力に抗って、この50年を文昭は生き抜き、私も共に闘ってきた。弾圧は闘わなければ、分断を許しすべてを破壊するが、全力で闘えば労働者民衆の豊かなつながりの源泉を作り得る。松永裁判とともに、「星野＝暁子闘争」はそれを示した。

頁	行数	誤	正
46P	上段12行目	忘れしまう	忘れてしまう
46P	上段17行目～18行目	多盛	旺盛
47P	上段8行目	日本いう	日本という
47P	上段16行目	2000以上	2000字以上
47P	上段17行目～18行目	紙面の～せんので。	(カット)
50P	下段9行目	除木	除き
52P	上段5行目	焼き討ち	焼き打ち
57P	上段5行目	いるとと思う	いると思う
63P	1964年4月、2行目	サンフランシコ	サンフランシスコ
64P	1968年11月19日、4～5行目	圧量	圧力
65P	1970年12月20日、1行目	ゴザ	コザ
66P	1971年5月19日、3行目	単祖	単組
72P	最初の写真キャプション	ガス初日	ガス移送初日
84P	下段16行目	をして	として
85P	上段8行目	起きん和	沖縄
88P	上段9行目	するすること	すること
91P	下段15行目	何かついて	何かについて
表3	実行グループ構成員6行目	安里　重治	安里　成治

頁	行数	誤	正
13P	上段17行目	無罪の	無罪を
14P	上段2行目	楚辺	楚州
14P	上段15行目	見ず知らず	見ず知らずの
14P	下段8行目	戦ってきて	戦ってきた
16P	上段9行目	早速は母	早速母は
21P	上段1行目	インタビュ	インタビュー
21P	下段10行目	これ中では	これでは
22P	下段4行目	最後の	最後に
24P	下段6行目	丸木位	丸木位里
29P	下段10行目	差し伸べてて	差し伸べて
30P	上段13行目	沖教祖	沖教組
35P	下段8行	答え	応え
36P	上段9行目	裁判闘支援	裁判闘争支援
41P	上段7行目	一一・一〇ネストから五〇年	11・10ゼネストから50年
44P	上段6行目	地元のたちとオジー	地元のオジーたちと
44P	上段8行目	マラリヤ	マラリア
44P	下段7行目	後だと	跡だと
45P	下段13行目	思い付け	思い付い

目次

ゼネストの時代背景

沖縄の経済的遅滞感は1960年代の日本の所得倍増計画の進捗《しんちょく》によって誰の目にも明白になった。その間に琉球列島米国民政府は米国政府に対して年額600万ドルの沖縄援助授権額を1962年に1200万ドル、1967年に1750万ドルに増やしたが、沖縄統治に必要として現地当局が要求し続けたのは2500万ドルであり、決定的に不足していた。米国政府は沖縄統治の重要性を認め、米国議会に予算を要求し続けたのであるが、議会では投票権の無い沖縄の人々の政策順位は低く見られ、常に減額されてきた。

そして米国の援助額よりも必ず下回る援助を行って来た日本政府であるが、それが変化したのはケネディ大統領の新沖縄政策である。1962年に発表されたケネディの沖縄統治に関する大統領声明は、議会や軍部の反対に逢い数年足踏みをしたが、1964年4月にキャラウェイ高等弁務官の後任として沖縄に配置されたアルバート・ワトソン新弁務官によって実現されることになる。

内容は、沖縄を日本の一部と認め、沖縄への日本の関わりを容認し、財政的にも米国以上の日本の沖縄援助負担を行うことであった。しかし、米国軍事優先は変わらず、住民の自治権拡大をもって復帰運動の懐柔を企図し、その当時は専制的な軍政に支障があると施政権返還は認めなかった。

1965年1月の佐藤総理とジョンソン大統領との会談で、東西冷戦の要にある沖縄の重要性に鑑み、日米両政府が日本本土との格差是正に取り組むことが確認され、同年8月に来沖した佐藤総理は「沖縄の祖国復帰が実現しない限り日本の戦後は終わらない」との演説を行った。

1967年には日本の援助額は米国援助を上回

り、翌年には米国の3倍もの援助額を計上した。その結果、沖縄政策に対する日本政府の発言権が強くなり、復帰を待たずして沖縄県の「教育関係」予算が前年比8倍となり、教科書無償配布や教職員の待遇改善がなされた。復帰前年の1971年には米国援助が1324万ドルで日本政府援助は6826万ドルと米国の5倍強となり、琉球政府予算は日本からの援助頼みとなった。

これらの日米両政府の沖縄政策は「経済主義的統治方式」として定説化されている。沖縄戦から続くむき出しの武力による統治から、島ぐるみ闘争の経験を経て、「民族解放闘争」に建設的なはけ口を与え、資本主義陣営に繋ぎとめる方策である。いみじくもこの点を早期に指摘したのは当時の住民運動の指導者であった国場幸太郎である。

1955年のインドネシアのバンドンで開催された反帝国主義・反植民地主義を旗印にしたアジア・アフリカ会議が大きなインパクトを米国に与え、今までの軍事力を背景にした経済圏支配では覇権国としての利益の保持が困難と判断した。諸国を経済システムの中に取り込んだ上で、一定の利益供与によって資本主義陣営内の主体的選択として現状を追認させることとした。

沖縄でも「復帰」を挟む10年で「沖縄振興開発システム」は軌道に乗り、見事に在沖米軍は再編強化された。台湾やシンガポールや香港やマレーシアの現状と比べれば、決して経済的に成功しているとは言えない沖縄の現状ではあるが、「復帰によって生活が豊かになった」と言う言説は影響力を持ち、在沖米軍の存在は沖縄を語る前提となっている感もある。加えて現在の琉球弧への自衛隊基地建設集中は、琉球・沖縄の軍事植民地の性格に些《いささ》かの変化も無いことを物語っている。

この東アジアにおける資本主義の最大の軍事拠点の継続を脅かす動きが何度か存在した。植民地解放闘争の高揚をバックに、琉球の軍事植民地状況を告発した1962年の立法院の2・1決議であり、人権無視の軍事独裁に対する1970年のコザ暴動・蜂起であり、「復帰」が軍事植民地の維持に他ならないことに反対した1971年5・19ゼネストと11・10ゼネスト等である。

今年の2月22日にミャンマーで実施されたゼネストで代表されるように、治政権者に対する拒否の意思表示を行うのがゼネストである。特に軍事基地においては機能が十全でないことを敵に公表することになり、統治者として失格の烙印を押されることになる。ゼネストは基地政策への抵抗や批判に止まらない影響力がある。

当然、ゼネストへの弾圧は厳しいものとなり、継続する運動が低調・停滞するように意図的に方向付けられる。松永裁判闘争はそのような中で闘われた。

（沖縄実行グループ）

2021・6・6
沖縄ゼネスト50年討論会

司会：最初に沖縄実行グループから挨拶を行います。詩人の高良勉さんです。

高良：本日は残念ながらシンポジウムがコロナ禍によってクローズドの討論会となりました。よろしくお願いします。今年は11・10ゼネストから50年に当たります。本日はゼネスト体験に関して皆様から多くのお話が聞けることを楽しみにしています。私がゼネストに関して印象深いことは、田舎のサシミ屋のオバーやタクシー運転手までもがゼネストに賛同してその日を迎えたということです。

高良 勉

沖縄の将来を決める重要な行為であることを皆が理解していました。11・10ゼネストに先立つ5・19ゼネストがありました。これらのゼネストは日本で行われた最初の、そして唯一のゼネストです。そしてそのゼネストの中で警察官が死亡すると言う事件が起こり、救助活動を行った松永優さんが不当にも殺人罪にでっち上げられ、6年あまりも殺人罪の被疑者としての裁判を余儀なくされました。

このゼネストの民衆のエネルギーが、その後の住民運動、市民運動へと引き継がれていきます。「市民運動」という名称を沖縄で最初に名乗ったのは、その松永支援を行っていた「松永闘争を支援する市民会議」です。組織に属さない一人ひとりの主権者が主体となって問題に取り組むという運動が、その後の金武湾闘争、白保のサンゴ保護運動、そして辺野古の新基地反対闘争へと繋がっています。

これらの運動の流れを見ても分かりますように、この50年の沖縄の歴史は「闘いの歴史」と言えます。本日参加されている皆様の、それぞれのこの50年の体験を共有できればと思います。

司会：高良さん、ありがとうございます。では討論会に移ります。１９７１年11・10ゼネストに至る沖縄の状況とゼネスト当日の体験を知花昌一さんからお願いします。

知花：私は当時は沖縄大学自治会の委員長でした。11・10ゼネストの前には5・19ゼネストがあり、そしてその前には屋良公選主席を誕生させた闘いがありました。それらは沖縄の米軍基地を撤去させ、住民が文字通り主体となる世に変革するための闘いでした。私たち学生も多感な時代でしたので積極的にその動きに参加しました。11・10当日は与儀公園に10万人もの人々が集まり、集会のあとデモに移り、ひめゆり通りから安里、泊を通って浦添市の仲西にある米軍司令部を目指しました。

知花 昌一

その前の5・19ゼネストの時も同じコースをたどり、米軍司令部前まで行き、大いに米軍に住民の批判、反発を表現することができました。「復帰」前でしたので、沖縄の外から機動隊が応援に駆けつけるということもなく、司令部前に到達したデモ隊は直接米兵と対峙すると言う事態になりました。与儀公園から司令部前まで、実質解放区のような様相でした。最終的には県警機動隊が出動し収拾するのですが、抗議行動としては大成功を収めました。

その経験を踏まえて11・10ゼネストでは、より一層強い対米軍抗議行動を行おうと考えました。与儀公園に集まった集会参加者は、ひめゆり通りへとデモに移りました。今回は機動隊が最初から配備されていました。衝突を繰り返しながら又吉通りから泊に着き、機動隊との衝突があり、火炎瓶が投げられたりして機動隊は後退して行きました。火炎瓶は数日前からデモコースの沿線各地に隠し置いていました。その幾つかは警察に発見され押収されましたが、まだ数多く残っており、それを取り出しては投げて進んでいきました。沖大の部隊は全軍労牧港支部青年部（牧青）と共に行動していました。当時の牧港青年部は最強の部隊と言われていました。変電所から牧港米軍住宅（現在のおもろまち）を通って勢理客（じっちゃく）交番に到着しました。

　その時に道路に1人の警官が倒れていました。体の上には沖大の旗が被せられ、足下からは煙が出ていました。倒れている状態から既に死亡していることが推察されました。そのことを理解した私たちは彼を取り囲んだまま時間が止まったように硬直し黙って立ちすくんでいました。誰かが前へ進もうと叫びましたが、そして側には火炎瓶がありましたが、誰も取ろうとせず、呆然としていました。

　そこへ仲西の司令部を警護していた機動隊が押し寄せてきました。警官が倒れたという情報を聞き、殺気立っていました。催涙弾を水平撃ちで発射し、逃げ遅れた人を殴打していました。丁度、安謝の埋立地でプロレスの興行があり、その時間が終了、解散の時間に当たっていました。デモ参加者は事態を理解しているので大急ぎで機動隊から逃げましたが、プロレスの観客は逃げられず、警察の無差別報復の犠牲となりました。デモに参加せずプロレス観戦に行った沖大生の友人は足を折られました。

　1人の人間の死に直面して、それを乗り越えようと言う気持ちにはなりえませんでした。時代を変えようという、米軍治世を終わらせようと言う意識はありましたが、その行為の帰結が1人の人間の死という事実を生んだことが非常に重たく圧《の》し掛かりました。

司会：次いで松永さんからデモ当日の体験と思いを話してもらいます。

松永：ゼネストとは何だったのか、というのが今日のテーマでもあります。いろんな角度から議論がされてきました。自分はゼネストの中にどっぷりと浸かっていましたので、逆に見えない部分も有ります。

ネットにウィキペディアという参加型の百科事典があります。そこにはゼネストと警察官死亡事件についてひどい書き込みがありました。私は編集者として登録し、書き直しましたのでご覧ください。

僕が事件現場で体験したことは、まず火の中に人が倒れていることが目に入りました。直ぐには警官とは判りませんでした。近づいてみて乱闘服を着た機動隊員と分かりました。殆ど何も考えずに火の中から引き出し、足で火を消しました。腕を持って引き出したので、間近に状態が見て取れました。口からは心臓の鼓動と共に血が吹き出し、頭は陥没していましたのでもうだめだろうなと思いました。

松永 優

生身の一個人の死を、警察や治安側は弾圧の口実にし、逆に一部のセクトは勝利と叫んでいましたが、僕はどちらに対しても違和感を覚えました。ぼくの見た死は、生命を閉じようとする紛れもない事実だけでした。知花昌一さんの話にもあるような、人間の死に直面した時の凍り付くような感覚こそ大事にしたいと思います。

司会：カメラマンの国吉和夫さんお願いします。

国吉：１９７０年に琉球新報社に入社しました。当時の沖縄は毒ガス移送や米軍犯罪に対する抗議など、取材は騒然とした世情を反映して大変でした。11・10ゼネストは2度目のゼネストでした。中止になった2・４ゼネスト時は私は学生でした。１回目の5・19ゼネストと11・10ゼネスト時には私はマスコミ労協の組合員でストに参加し、仕事につかないで現場にいました。念のためにカメラ一つと報道の腕章を持って参加しました。デモ隊が泊の交差点から上之屋の変電所に差し掛かった時、先頭の集団が火炎瓶を

国吉和夫

投げ込んでいた。その付近でデモ隊と機動隊のぶつかりあいが繰り返された。その後、デモの解散地点である沖縄電力社前に行くと雰囲気がただならない。そこへ北から機動隊が突っ込んできた。うちなーぐちで殺せと叫んでいる。デモ隊に襲い掛かり警棒で殴りかかってくる。警察官も統制がとれず混乱しており、デモ隊も逃げることで精一杯の状況でした。私は仲西方面に逃げ帰宅した。翌日新聞を見ると警官が殉職しているという記事があった。

松永さんは体が大きいので目立っていた。泊交差点から軍用道路1号線（現在の国道58号線）に入るとデモ隊はフランスデモを始めた。道幅いっぱいに広がって、さながら解放区のようだった。泊の共産党の事務所の近くに自民党系のたて看板があり、「復帰万歳！」の文字が書かれていた。松永さんはその看板を2～3回蹴飛ばしていた。私たちも蹴飛ばしました。付近は私服警官が多数配置されており、私の知り合いの警察官も何名か居ました。この行為が問われないかと心配しました。

警官殺害の調査で、吉岡攻カメラマンが捕まった。そのようなことがあり当時の読売新聞の酒匂《さこう》カメラマンが私のことを心配して口うるさく注意され、結局自宅へは帰らず琉球新報社にずーと寝泊りしていました。その後に吉岡カメラマンの自宅ガサ入れがあり、当時の報道陣として在沖していた森口さん、近田さんともこの件で交流があった。

司会：ゼネスト当日の状況で発言はありませんか。

平良悦美：私はその年の3月に生まれた乳児も連れて4人の子ども連れで集会に参加しました。沖縄の将来を決めるこのゼネストに参加しないで何時行動するのかという気持ちでした。与儀公園に行くと10万人の大人数が集まっていました。今の与儀公園とは違って整備もされていない空き地でした。知り合いが

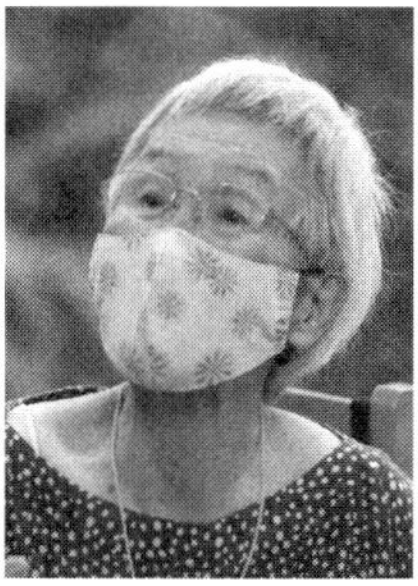
平良 悦美

居ないかと探したら夫がいました。それぞれが自分で考えて参加しなければと思った結果です。
　私たちは所属する組織がありません。デモが始まってどうしようかと思ったら、未組織参加者のための隊列が用意されていました。デモ隊の最後に出発しました。
　デモ隊が進んでいくと前の方が乱れだしました。混乱の度が増してきたので、迷惑になるといけないので隊列を離れることにしました。赤ちゃんを背負い、乳母車に幼児を乗せ、二人の小学生の子どもの手を引いての参加でした。小学生の二人は靴と帽子を無くし、私と離ればなれになりました。後で誰かに背おわれて無事帰宅しました。子どもたちは催涙ガスの臭いがとてもきつかったと話していました。

司会：本日参加されている若い世代の親川さん。何か疑問点や感想はありますか。

親川：私は1981年生まれでゼネストのことや冤罪事件のことは良く知りませんでした。沖縄では今に至るまでも多くの事件が起こり、多くの歴史のポイントがある。今回はその出来事を当事者の話を含めて学習できる場として参加しています。よろしくお願いします。

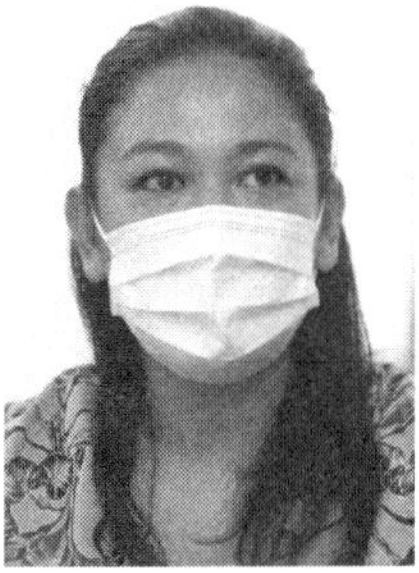
親川 志奈子

司会：事件から半世紀が過ぎ、この節目に当事者の話を含めて記録し、次の世代に継承していく必要があります。その角度から若い世代の親川さんに是非にと参加をお願いしました。
　次に沖縄実行グループの宮城さん。お願いします。

宮城：エミでお願いします。当時私はヤマトの大学に在籍していました。高良勉さんと同じ年です。幼い頃から沖縄は米軍絡みの事件・事故の連続でした。アイゼ

宮城 恵美子

ンハワー大統領来沖反対運動には幼くして巻き込まれた経験もあります。「復帰」時及びその前の屋良主席によって中止させられた2・4ゼネストの経緯も今日の参加者からお聞きできればと思い参加しています。

私が帰沖したのは1976年です。金武湾闘争が全国の学生運動の中にも伝わってきていた時機で、早速那覇で石油備蓄基地（CTS）反対のグループを作り参加しました。那覇市松尾の県庁近くに石鹸ハウスと呼ばれる事務所を構え、合成洗剤追放運動と共に自然環境保護運動として金武湾闘争を、そしてその構成メンバーである松永さん夫妻と野瀬さんと共に松永裁判闘争を、主に資金作りの古本市開催で参加しました。

当時の関係したメンバーは、野瀬さん、牛久保さん、安里重治さん、緒方夫妻、友寄さん、佐伯さん、岩成さん。そして琉球大学の岡本恵徳さんがいました。

司会：これまでの各自の報告から当時のゼネストへと向う雰囲気、全ての人が挙《こぞ》って米軍基地の重圧、人権無視の状況を変化させようと参加したことが分かります。それがデモ隊と機動隊の衝突の中で山川巡査の死というターニングポイントを迎え、デモ隊や現状を改革しようとした人々はその事実に立ちすくみ、逆にその動きを抑えようとした権力側は無差別報復から根こそぎ逮捕という強権発動によって勢いつくという状況が生まれました。その結果、米軍基地は維持され、地位協定もそのままになりました。

今振り返って何をすべきで何が問題だったのか。発言をお願いします。

知花：当時は中核系の学生運動として関わっていました。沖縄での11・10ゼネスト。11・14は東京の渋谷でも呼応したデモが計画され、東京でも機動隊が死亡しました。軍政を打ち破るために機動隊を粉砕して米軍司令部を占拠しようと考えていました。その過程で敵の暴力である機動隊を粉砕することは想定されていました。しかし、現実の個人の死、自分たちの行為が結果した死という事実に立ちすくみ、乗り越えることはできませんでした。警察の弾圧も徹底しており、自宅に帰ることもできませんでした。

聞いた話として50名から60名の機動隊がデモ隊に向って突っ込んできたそうです。しかし、10万人を数える群衆の前に撤退を余儀なくされ、逃げ遅れた山川巡査が集中的に打撃を受け倒れたということです。一般的に機動隊の暴力もあるわけだから、民衆が暴力を振るうこと全般は否定しないということはありました。

しかし、現実の警官の死という事態に直面した時、我々みんなが気持ちの面で引いてしまった。行った暴力があれでよかったのかという疑問が打ち消しがたく広がった。それ以上に、全県における運動全般が引いてしまった。とても状況を打破し乗り越えるというものではなかった。

ミャンマーにおける住民虐殺の状況を見て、死を乗り越える運動の必要性は感じるのだけれど、当時の沖縄に於いては克服できなかった。敵機動隊を殲滅したことを勝利と叫ぶ者も居たが、行動部隊としては結果に責任が持てる状況ではなかった。それゆえ事件後は戦々恐々として過ごしていた。

沖縄大学の学生で19歳の青年が火炎瓶を投げる瞬間を撮影されていた。その学生はそれほど活発に活動をしていたわけではない。しかし、偶然火炎瓶を投げるところを撮影されたので、何時、何処で、何に向って投げたのかを解明されず、殺人罪の罪に問われた。殺人罪で起訴されたのは松永さんと彼だけで、他の被疑者は凶器準備集合罪等の罪状だった。

沖縄の軍事統治を言う不条理を糾弾する側だった我々が、警察官の死というターニングポイントを経て完全に受身に回ってしまった。

司会：殺人罪に問われた松永裁判において、相手側の証人に対する対応で救援組織が内部崩壊するという事態について、松永さんは最近『月桃忌』に書かれています。紹介いただけますか。

松永：松永裁判は僕の行為を消火活動だと証言してくれる証人が多数居たので無罪になりました。検察側の最大の立証は当時18歳のU青年の証言でした。安謝の埋立地で開催されているプロレスを見に出かけたが、デモのほうが面白いと勢理客の路地からの出口のブロック塀の上に友人と腰掛けて衝突を見ていたそうです。彼が検察側の証人として、僕が倒れている警官の腹やわき腹を踏んだと刑事裁判で証言しました。U青年は少年院を出たばかりで、保護観察中でした。警察からの証言要求に拒否できる状況ではなく、証言として信用性が疑われるものでした。しかし、裁判では弁護側の反対尋問にも耐え、証言として残った。そこで刑事裁判の〈弾劾証人〉制度を使って証言を崩そうと、U青年の保護司を一審の最後の方に呼びました。しかし保護司の証言は思った成果は上がらず、逆にプロレタリアートの青年を、被告個人の無罪の獲るために「人格攻撃した」として支援組織が内部分裂を起こしました。

弁護士と僕は、U氏の偽証により有罪にされるのは正義に反すると主張するし、一部のセクトの人たちは人民の解放のための闘いとして松永裁判を位置づけていて、労働者階級に対する裏切りは許せないとする立場でした。革命に繋がる闘いとして松永裁判を位置づけていたので、被告一人が無罪になっても仕方ないと、彼らは失望して離れていきました。

平良悦美：U青年はひどい表現をしましたね。汚らしい溝鼠を踏みつけるようにしていたとまで証言しましたね。

松永：そうでしたね。この分裂で離れていったメンバーも、松永裁判は汚らしいと罵倒しました。

この弾劾証人制度の経緯は実は話の前編で、続きがあります。検察の集めたビデオや写真や証言の殆ど全てが僕の無罪を証明しておりましたが、唯一U青年の証言が残ったという状態です。それで刑事裁判が無罪で終わったあと、次の国家賠償裁判を見据えた時、この検察側の唯一の根拠を突き崩す必要がありました。

U青年を探したところ、暴力団がやんばるの楚辺で対立組織のメンバー3名を穴を掘らせた上で殺害した事件に繋がりました。勢理客の塀の上から一緒に見物していた友人が抗争の中で殺害されており、U青年も殺されると思い、沖縄から逃亡し、京都でタクシー運転手をしていることが分かりました。

京都市の郊外にUさんを訪ねて行きました。既に刑事裁判での証言から15年ほど経過しており、結婚し4~5歳の子どもが一人いるという生活をしていました。

会って話すと、彼は僕の行為は消火行為だったと言いました。警察にも最初は消火活動と話したが取り合ってもらえず、目撃したことを幾度も訊かれ、脅されたそうです。見ず知らずの人間の肩をもってどうするんだと言われたのが決定的で、警察の要求に従ったと話してくれました。松永さんが無罪になった時は心底ほっとして、その新聞の切抜きを永い間財布に入れて持っていたといいました。国賠裁判でもそのように証言をしてくれて、それで検察側の証拠は全て潰すことが出来ました。

それでも国賠裁判は勝てませんでした。裁判当時の検察の訴訟活動の是非を問う国賠では、その裁判後に新たに出てきた証拠は判断材料にならないからです。それでも彼の証言を国賠で聞けたことで、支援組織の分裂や批判を受ける中で戦ってきてことが報われ、救われた気がしました。

司会：U氏も松永さんと話し、事実を伝え、国賠で証言したことが救いになったと思います。警察に強要されたとはいえ、無実の人を偽証によって貶《おとし》める行為をしたのですから、長年胸に痞《つか》える澱《おり》がやっと取れたと思います。

そして今の松永さんの話しで明白なように、警察やその後ろにある国家権力は、事実を歪めてまでゼネストに上り詰めた民衆の高揚を何とかして抑えよう、削減しようと躍起になっていることが判ります。

大変な苦境に置かれた松永さんを支えた支援活動について報告をお願いします。

平良修：覚えの無い罪に問われ、警察からもマスコミからも追い回される存在に押し上げられ、休まることが無いでしょう。何時でも我が家に休みに来なさい。なんなら泊まっていきなさい。何時でもあなたの安らぎの場として我が家を活用してくださいと話しました。

松永さんが出入りするようになると警察は我が家も事件に関係があるのではと疑うような対応をしました。我が家は多くの子どもの遊び場になっていますが、警察は子どもに来客についてカマをかけ聞き出そうとしました。

私はそれまでは政治的なことへの発言はあまりしない方でした。松永さんとの交流を通じて社会的発言や活動をするようになりました。

平良 修

司会：平良修さんは米軍司令官の就任式で「願わくば、あなたが最後の高等弁務官となること」という発言で知られていますので、その姿勢の延長で松永さんと付き合っていたと思っていました。

平良修：そうではないのです。松永さんとの交流前は社会的な発言を控えていました。

松永：松永裁判支援の面で大事な方が比嘉しげさんです。今日出席しておられる比嘉盛毅さんのお母さんです。私が逮捕され留置場に居る時にわざわざ面会に来て、話しを聞き、支援活動を始められた方です。比嘉さん、お母さんのことを話していただけませんか。

比嘉盛毅：私は事件当時に琉球銀行に勤めていました。銀行は制約が強く、社会的に発言し行動するという面では困難な状況にありました。母しげは教職員でしたの

比嘉 盛毅

で社会的・政治的活動を積極的に行っていました。屋良選挙では母は演説に出かけたり、自宅にはポスターを貼ったりしていました。私の思いとしては銀行員の立場も分かってほしいということでした。

松永さんとの経緯《いきさつ》は、私の末の弟が千葉大学の学生で、学友から見知らぬ土地で逮捕され困っている人がいるので助けてほしい。沖縄での出来事なので、沖縄出身の弟に話しを持ってきたということがありました。弟から母に連絡があり、早速は母面会に出かけました。

面会した母は、松永さんは温厚な人で、殺人などする人ではないと知り、知人に救援活動を手伝って欲しいと活動を始めました。父と従兄弟に当たる金城秀三さん、当時は琉球大学の教授でしたが、日常的に親戚付き合いをしていましたので、早速支援活動への協力をお願いしました。

私は弁護士事務所との連絡を行っていました。池宮城弁護士、知念弁護士、上間瑞穂弁護士等と知り合いました。上間弁護士は琉球大学の金城秀三さんの教え子で、先ほど話に出ていました岡本恵徳さん、彼は私の高校一年の時の先生です。運動の中で久しぶりにお会いしました。

母が亡くなった後は私が支援を引き継ぎ、50年間もの間関係を継続しました。松永さんの作品展示会には良く出かけ、話しをしていました。話しベタなモノですから、今朝話すことをまとめてきました。

松永事件をはじめ、世界には多くの偏見や差別、弾圧があります。沖縄には同化的という差別があります。これがやっかいなしろものです。これらの困難を克服する道は、お互いが交流し、理解を進めることです。私たち家族は50年間、松永さんたちと交流し、今日も娘夫婦を伴ってやってきました。

司会：これまでの報告でゼネストに向けて盛り上がった民衆のエネルギーに対して松永裁判を含めて弾圧し、現状維持を画策し、残念ながらそのように現状はなっています。端的に表現すれば、日米の軍事植民地状況からの脱却、主権を否定する地位協定の廃棄か抜本改正というゼネストで挙げられたテーマは達成されていません。

現状を見れば、琉球弧の島々に敵地攻撃能力を持つミサイル基地の建設が行われています。キューバ危機を見ても判るように、大国の喉元に大量破壊兵器を配備するということは戦争を招き寄せることです。米中の限定戦争の戦場として琉球弧が想定されているということは、今も変わらず軍事植民地状況に置かれていることを物語っています。

このような状況を克服するために、何をどうすればよいのか。どのように考えるべきか、どうでしょうか。

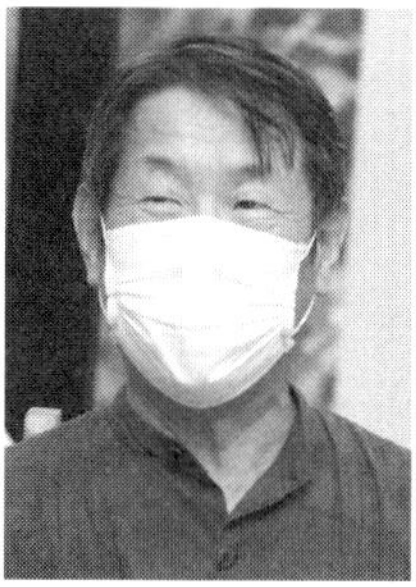

内海 正三

宮城：11・10ゼネストの一週間後の11月17日に屋良公選主席が「建議書」を携えて羽田空港に降り立ったその時、国会では沖縄返還協定の強行採決が行われ、沖縄の民意は無視されました。それまでの米軍支配から日米政府による二重支配へと状況は悪化し、問題の解決はより遠のいています。改善を求めての要求も直接米軍に申し入れることはできず、間に日本政府が入り、住民の意思は伝わらなくなりました。

佐喜眞道夫：中国からケーテ・コルヴィッツの展示会を開催したいので佐喜眞美術館所蔵の作品を貸し出して欲しい、との要望があり、中国の美術関係者とやり取りしました。現代中国は発展も著しく、今更ケーテ・コルヴィッツでもないでしょう、と言ったところ、中国の方はいやいやそうではない。1970年代に中国は経済発展を取り組み現在に至るが、農

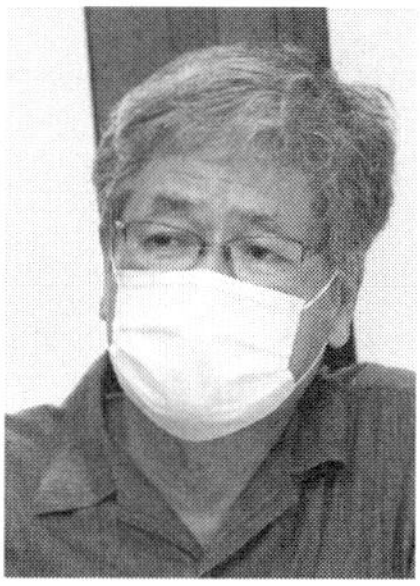

佐喜眞 道夫

村の貧困問題は解決しないで富裕層を生み出し、矛盾が増大している。改めて魯迅の思想とそれを体現していると言われるケーテ・コルヴィッツへの再評価が必要となっています、とのことでした。それならばケーテ・コルヴィッツを貸し出しましょうということになり、中国に渡りました。彼らとの話の中で、担当の一人はなんとロケット開発の第一人者でした。彼はもし戦争が起こったならば、必ず中国から沖縄の米軍基地へロケットが発射され、申し訳ありませんが沖縄は無くなります、と言いました。現代は核と核を突き合わせてバランスを取っている状況で、一歩誤れば破壊の淵にいます。こんなはずではなかったと考える知識人は中国の中にも大勢居ます。

この状況をどのようにして克服するか。知花さんの言葉を借りれば死をどのように乗り越えるかという課題が浮かび上がってきます。日本で死を乗り越えた運動といえば、一向一揆とキリシタンの戦いがあります。キリシタンは投獄され、処刑される間際でも、神に会った時に恥ずかしくない自分で居たいと信念を貫き通しました。一向宗も死に向って逃げることなく戦った。現代の沖縄はそれほど難しい状況にあるといえます。

高良：歴史認識と歴史体験の継承を重視すべきと考えます。歴史認識の面では1609年の薩摩侵略の位置付けとその後の琉球王国の性格が問われます。かつては「日中両属の属国」という評価から、高良倉吉さんたちの提起した江戸「幕藩体制下の異国」という見方が加わり、その後に現在は豊見山和行さんの「従属的二重朝貢国」であり、ある程度自主性の強い国でもあった、との評価が出ています。

私は豊見山説に賛成ですが、しかし、いろいろな説が出ても実質的には薩摩の「植民地」だったと思います。現在の沖縄も、日米政府の「植民地」です。しかし、マスコミや論者たちは明確には言わない。歴史体験の継承の点でも大事なことが抜け落ちています。近代の1945年までは沖縄は「内国植民地」として隷属させられていました。それが日本の敗戦後、復帰運動はどうして宗主国の下へ戻ろうとしたのか。疑問です。加えて闘い、抵抗の歴史が継承されていないと思います。1609年の謝名親方の闘い、明治政府と闘った幸地朝常らの琉球救国運動と謝花昇らの闘い、米国軍政府と闘った「島ぐるみ闘争」、沖縄返還協定粉砕闘争とゼネスト等の抵抗運動の評価と継承がキチンと行われていないと思います。

司会：私は永年にわたり久米崇聖会と付き合っています。久米崇聖会は中国からの渡来人の末裔で構成される社団法人です。先ほどの謝名親方の評価が久米崇聖会の中で変化してきています。波の上神宮の隣の天尊廟地に蔡温や程順則（名護親方）の顕彰碑が建っていますが、謝名親方は敷地の外の旭が丘公園に建てられている。薩摩藩によって大悪人との汚名を着せられたがために、近年に至るまで天尊廟地に入れることに躊躇があったからです。歴史書の中山世鑑にも謝名親方の『邪名』と蔑んで書かれているほどです。それが近年、薩摩支配に徹底抵抗した偉人として再評価されています。

もう一点、屋良建議書について。実は建議書を実際に書き表した屋良側近の一人に平良亀之助さんがいます。私と一緒に小禄9条の会の世話人をしています。建議書には軍事支配の無い人権が尊重される復帰である希望が書かれています。それが無視されたのは先ほどの話しの通りです。しかし現在の日米政府の軍事植民地となっている状況を鑑みるに、果たして復帰という選択は正しかったのか、子孫たちに困難を引き取らせることになっている、と自分を責める気持ちになると話しています。私は沖縄戦後から1960年代まで、米軍の人を人とも思わない処遇に対して、人々が人権を求めるのは自然の行為で、今となっては幻想と言われるかもしれないが、当時の人々が平和憲法に帰属したいと考えるのは、緊急避難であったと思います、と言いました。落ち着いてから又帰属を選択すれば良いと思います。

大城建：私はゼネスト当時は宮古島に居まして、落ち着いた雰囲気の中で沖縄島は大変なことになっているな、という風に感じていました。今日、参加して当時の状況が判り、よかったと思います。勉さんが言うとおり沖縄は植民地だと思います。どのようにしてここから脱却するのか、自分の非力を恥じるばかりですが、沖縄独立しか道は無いのかとも思いますが、賛同者を得られなくて当惑しています。本日拝見しました松永さんの作品には圧倒されました。

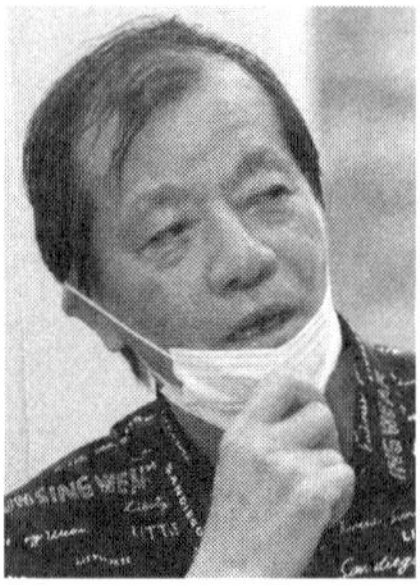
大城 建

佐喜眞：沖縄の人々が本当に豊かになるには何が必要なのかという設問があります。私はそれは文化だと思います。松永さんの作品もそうですが、本物の美術作品に触れること、それが感性を豊かにします。そして本物を人々に伝える作業を疎かにしてはいけません。それが私の反省です。

長嶺：近年の出来事で私が印象に残っているのは11・19のB52の墜落事故です。主席公選からわずか9日後に爆弾を積んだB52が嘉手納基地から出撃直後に墜落し、爆発炎上しました。それがB52撤去運動となり、直ちに2・4ゼネストに向いました。全軍労に対して、ゼネスト参加者への解雇処分等の脅しや、軍関係業者からの切り崩しがあって、最終的には屋良主席によって中止されることになり、代わって開催された県民大会には10万人もの人々が結集しました。締め付けがあったにも拘わらず、高校生も7000人参加しました。その人々が後の運動を支えていくことになります。その意味では闘いは確実に受け継がれています。

長嶺 勇

宮城：東アジア共同体研究所という組織があって、

そこでのインタビュに答えて山城博治さんが、まずは沖縄戦の再来による住民抹殺の危機からの脱出を図りたい。今の琉球弧は中国敵視政策による軍事基地の集中で、一旦事があればミサイル戦争の渦中となると話していました。この危機感に対する対応をどのように思いますか。

長嶺：米国が世界の憲兵として軍事支配を行っていることが諸悪の根源であり、私は中国が米国を凌駕して影響力を増すことは良いことだと考えています。中国は今まで侵略をしたことがありません。元《げん》帝国が大陸を席巻しましたが、漢民族ではなく遊牧民です。

司会：ウイグルやチベットに対して現在侵略を行っていますよ。

長嶺：それは米国の宣伝で嘘です。

司会：もし侵略を行っていないのであれば、国連の査察を拒否する必要はありません。査察を拒否するということは見られては困ることを行っているのです。

長嶺：辺野古を含めて米軍が引き上げた後、自衛隊が代わりに基地の維持を行うのが現在の体制です。

司会：日米合同軍事演習で2005年から継続してカリフォルニアやハワイ、南西諸島で行われている「島嶼奪還作戦」は、沖縄が戦場になる危険性を公表しています。仮想敵の中国が有事に際して琉球弧のミサイル基地を攻撃し、占領する。それに対して日米軍の主力は一旦撤退して体勢を整え、占領した中国軍に対して攻撃を加える、というものです。これ中では住民は生き残れません。

長嶺：そのようなことは起きないと思います。

司会：話しを戻して、今後事態の打開のためにどのような行動を取るべきかということに焦点を当てます。ILO169号条約という国際規定があります。残念ながら日本は批准していませんが、世界の人権の基礎条約の一つです。そこではマイノリティ集団にも自己決定権があり、多数派はそれを尊重しなければならないとなっています。多数決による強制は認められません。当然、琉球・沖縄の人々に政治的・社会的自己決定権があるということになります。

先ほどから何度か話しに出てきた沖縄返還協定についても重要な取り決めが国際規範としてあります。当事者の正当な代表か当事者の議会の決議が不可欠ということです。公選主席が建議書を携えて国会に向ったのに、それを無視して日本の国会で強行採決がなされた、ということは重要です。当事者である琉球・沖縄の人々の同意なく、日米政府によって沖縄返還協定が締結されたのです。それだけでもこの返還協定は無効です。それらの国際法で確定された権利を琉球・沖縄の人々が主張することが重要だと考えます。

時間もオーバーしていますが、最後の言い残したことはありませんか。

知花：私たちは微力ですし、限界も持っています。それゆえ、当面は負け続ける戦いとなります。それでも地道に自分の持ち場で頑張って維持することが重要です。

平良悦美：その持ち場を維持するメンバーが今はあまりにも少数なのよ。

長嶺：コロナ禍で行動が制限され、私が継続してきた毎週金曜日の早朝嘉手納基地抗議行動も現在は中断しています。一旦中断すると今まで以上のエネルギーが必要とされます。新たに運動を構築するぐらいの気持ちで居ます。

司会：ではこれを持ちまして討論会を終了します。

（司会と文責：内海正三）

討論会に参加して

親川　志奈子

ゼネストについては今回の集い（コロナ禍が進行する前の段階では公開シンポの予定でしたが感染クラスターを出さないために直前に人数制限をした学習会に変更になりました）まではほとんど知識がありませんでした。参加の要請があった時には、自分の学びの場として参加できればと考えました。私は現在40歳で50年前のゼネストは生まれる前の出来事です。沖縄の学校教育では近現代の歴史はあまり学べません。教科書には簡単に復帰運動やそれに伴う動きが記述されていますが、よく判らないというのが実情です。

今回の要請を受けた後、関連資料等を読みました。私の周りにもゼネストに参加した人がいますが、詳しい話を聞いていません。とても重要な出来事なので、もっと注目されてよいと今回参加して思いました。

討論会に参加していた当事者の人々の話を聞き、沖縄の人々の人権が軽視され、簡単に命が奪われる状況を変えていかねばという熱意を受け止めることが出来ました。

ゼネストに伴う抗議デモの中で警備の警官が死亡したことが詳しく話されました。火炎瓶の炎の中で倒れている機動隊員を、側にいた松永さんが救助活動を行い、そのことが逆に殺人罪に問われることになりました。

党派の人はこの事件を「勝利だ。もっと戦いを前進させよう」と主張したそうですが、コザ蜂起の中でも沖縄の人々は他者を傷つけることをしませんでした。統制や指令が無くてもYナンバー（米軍関係車両）のみの炎上で抗議の意思を示しました。同じ人間として相手の存在を認める感性が沖縄の人々にはあるのだと思いました。「命どぅ宝」とは単なるスローガンではなくウチナーンチュをウチナーンチュたらしめるものなのではないでしょうか。

　殺人罪に問われた松永さんにとって沖縄での出来事は意に沿わない事件でした。にも拘らずその後も継続して沖縄に関わり続けているという姿勢に唸らされました。

　討論会のことではないですが、後の交流会の中で松永さんの娘さんが沖縄戦での住民の強制集団死を題材にした朗読劇を披露しました。私は多少の違和感を感じましたが、松永さんが家族ぐるみで沖縄に関わり続けているということ。娘さんにとっても制約の多かった沖縄での幼少期があったにも拘らず、沖縄に関わろうとしていることは、すごいことだと思いました。

　私の抱いた違和感とは、佐喜眞美術館でいわば集団死の生き残りやその家族である私たちウチナーンチュに、ヤマトンチュである彼女がヤマトグチでその出来事を伝えていることに対する違和感だろうと分析しました。松永さんとその家族や仲間たちが埼玉県の鴻巣において地域の人々に沖縄の現状を伝える取り組みを継続しており、この朗読劇も関東において公演する題材を仲間内で紹介したということ。しかも美術館館には丸木位・俊夫妻の描いた「沖縄戦の図」があり、身体を通して伝える芸術として取り組んでいることから、ヤマトンチュとしての責任と向き合っているのだろうと理解しました。

　警察をはじめとする弾圧が徹底し、ゼネストの熱気が収束していきましたが、その中で拘置所の松永さんを当時教員をしていた比嘉しげさんが訪ね、救援活動が出発します。見ず知らずの殺人罪の被疑者を、精力的に支援するしげさんの活動があって、その後の無罪判決があるとのことでした。例え友人であっても家族であっても、無実の罪との戦いを支援することは並大抵のことではないと思います。しげさんのような方が居て、結果的に無罪を勝ち取ったことはとても良かったと思います。

討論会に参加して、知花昌一さん、松永優さん、国吉和男さん、平良修・悦美さん等の体験者の生の声を聴けて、いろんな問題意識を持つことが出来ました。今も米軍基地は存続し、自衛隊基地がどんどん新増設され沖縄の問題は解決していません。復帰前後も含めて沖縄では多くの出来事があり、当時の人はそのことに向き合ってきました。その経験が伝承されていないのが残念だと思います。私の周りにもいろいろな経験をした人がいます。当事者の声を聴くことの重要性を、今回も痛感しました。地域で、職場で、学校で、様々な場で世代間の交流を進め、現在につながる過去を「自分ごと」として体感できる機会を増やしていく努力が必要だと思いました。

若者の参加感想

討論会に立ち会って

佐喜眞 淳

2021年6月、佐喜眞美術館では作家・松永優の個展と、シンポジウムが企画されていた。私はそのシンポジウムで音響係を務める予定で、マイクは何本必要かとかいろいろ考えていた。しかし、新型コロナのアルファ株の感染拡大でシンポジウムは中止。その代わりに、関係者だけで討論会を開くこととなり、私は録音担当でその場に立ち会うことになった。

もともと、私は復帰前の話を聞いたり写真をみたりするのが好きだ。今までに様々な方から話を聞いた。ジャズやロックの活気にあふれた話から、デモやピケの話、コザ暴動での武勇伝的な話、ブラックパンサー、映画さながらの沖縄ヤクザ戦争の目撃談。

少し年配の先輩方に聞けば、面白い話がいくらでも出てくる。今の沖縄が失いつつある魅力、エネルギーを感じる。しかしそれと同時にどこか現実離れしたイメージも抱いていた。

そんな私にとっては、今回の座談会で聞けた話はとにかくリアルで生々しかった。復帰前に大規模なデモがいろいろあったということはぼんやり知っていたが、11・10ゼネストのことは正直、あまり知らなかった。機動隊員が焼死したこと、その火を旗で消そうとした学生が冤罪で逮捕されたこと、裁判闘争が長く大変だったらしいこと、それぐらいの軽い知識で分かった気になっていた。

実際の現場にいた方々の話を生で聞いてみると、その日に至る流れから、当日の雰囲気、喧噪や一瞬の静けさ、心理状態、すべてが昨日のことのように再現され、自分までもがそこに引き戻されるような感覚に陥った。

すごいのはそれだけではない。

その後の裁判闘争の話もドラマの連続だった。検察側が保護観察中の少年を使って虚偽の証言をさせたこと、そしてこの少年は復帰時の沖縄ヤクザ抗争で敵対勢力に殺害された組員の近親者であったという話に私は驚愕した。警察の保護がないと殺されるかもしれない立場の少年にそのようなことをさせるとは、権力とはそこまでやるのか！という驚き。また、戦後沖縄社会の闇の部分であるヤクザ抗争と、社会運動をつぶすための政治的な冤罪事件がここでつながるのか！という驚き。私は声を出さずに叫んでいた。

さらにこの話には続きがあり、身の安全のため内地に移り住んだ元少年を松永氏が訪ね、再会する。そして……

「事実は小説より奇なり」というが、どんな小説よりも感動した。

これは松永優という人物だからこそ実現できた物語だと思う。

もうひとつ、討論会を通して私が感じたのは、松永氏と支援を続けた人々との温かい信頼関係である。彼らは誠実さと温厚な人柄でお互いに力を分け与えているようにみえた。そこには理屈や運動論を超えるものがある。

展覧会での作品の魅力とはまた別に、作家の人間としての魅力が良く表れた会だったと思う。

復帰50年を前に、この集まりを目撃することができて本当に良かった。

1人の機動隊員の死を利用してこの国の司法機関が何をしようとしていたのか。これは復帰というものを考える上での重要なポイントの一つだ。ただの「暗い歴史」として遠ざけてはならない。もっと語り継がれるべきだ。

あの場に居合わせた一人として、そうしなければ。

シンポに寄せて

ゼネスト50年 私の場合

旅の途上で考える

松永 優

「ゼネスト・松永裁判50年&近田洋一・月桃忌の集い」は、愉しみであり、少しユーウツでもあります。この50年とは、何もかもごちゃごちゃと詰め込まれたゴミ屋敷を覗くようなものだから…。未整理のまま埋もれた思いが、段ボールの下からいきなり喋り出すかもしれないのです。

冤罪事件との遭遇とは、自分が丸裸にされた感覚でした。世界の中で、誰とも繋がっていないたった一つの生命、を見てしまったように感じました。いっぱしなことを喋ったりしてきたが、自分は何一つ持ち合わせていないことに気づいた孤独。誰しもが、そのたった一人の自分に立脚して、近くの人と手を結び、隣人と抱擁する、そうした〈結い〉の確かさを学んだ気がします。

何年か前に、「生きさせろ！」という政治的なスローガンがありました。コロナ禍でとくに切実な問題で、「健康で文化的な最低限度の生活を営む権利」として、生き延びる方策を推進すべきでしょう。でも、口が裂けても、自分の生命を「生きさせろ」と言ってならないと思います。このスローガンのように、政治というのは集団の美学です。あるコロニー（群れ）にとって正当性の実現であり利益をもたらしますが、個々の人はそんな美学で生きている訳ではないのです。

「人は弱いから群れるのではない。群れるから弱いのだ」というアイロニーは、だから意味深です。集団化することで生き延びてきた長い歴史があるし、ぼくも二つ三つの「群れ」に帰属しています。大切なことは、群れの規模もその求心力となる「何か」も、絶対・普遍のものではなく百年・千年という単位で見たら流動的であるということ。或る地域の、或る時の「正義」が、如何にいかがわしいものであるかは周知の通りで、境界線もその中の群れも過渡的であるのでしょう。ユーラシアを歩き続けてきた私たちは、まだ旅の途上にあるのかも知れません。

シンポに寄せて

一緒に喜び合える人たちと

松永 孝子

50年経ったのですね。裁判途中の1972年に沖縄で結婚し、子供(娘・衣吹)を産み育て…長い時間でした。一緒に闘った仲間との貴重な時間は、大切で得難いものです。古本市、雑用グループ(裁判支援の雑仕事請負隊?)どの言葉にも心がふるえます。

この歳月を振り返るとき、沖縄での支援のきっかけを作ってくれた比嘉しげさんを挙げなければなりません。大学の息子さんからの手紙を読んで心を動かされたとはいえ、すぐに行動に移せることは、生半可な気持ちではできません。一度も会ったことのない人に、それも心が安らぐようにと花束を持って拘置所に面会にきてくれました。優の顔を一目見て、ああこの人はやっていないと確信したそうです。この前例のない生花の差し入れでは、「食べるといけない」と刑務所側と一悶着あったそうです。

しげさんはその後も庭に咲く花を持って、面会に足を運んでくれました。私と姉・七重さんが沖縄を訪れたときには、自宅を宿に提供してくださり、知り合いにも紹介していただきました。そして新聞社を訪ねて行ったとき、対応してくれたのが近田洋一さんでした。

このように、知り合いもなく何一つ手だてのない沖縄で、最初に手を差し伸べてくださったのが、比嘉しげさんと近田洋一さんでした。この小さな繋がりから、その後の「松永裁判闘争を支援する市民会議」へと繋がっていきました。

苦境の中でも、必ず手を差し伸べる人がいる、人間性への深い信頼を持つことができました。そのやさしさは、さんざん苦しめられてきた沖縄の人たちだからではないか、と今でも思っています。感謝の気持ちを持ち、一緒に喜べる人たちのいる島が好きです。

シンポに寄せて

歴史の中で

高良 勉

あの時代の興奮、いらだち、悲しみは今でも覚えている。1971年の11・10ゼネストのとき、実は私は沖縄現地に居なかった。留学先の静岡/東京で、全共闘運動、沖縄青年同盟運動に参加し、何とか沖縄現地の5・19ゼネストや11・10ゼネストに連帯しようと必死になって街頭行動・集会、デモを組織し加わっていた。

それにしても、沖縄現地から届く11・10ゼネストの様子は、私の想像をはるかに越えていた。「沖縄返還協定に反対し、即時無条件全面返還を要求」するゼネストには総計10万2千余人が参加した。自治労、沖大職労の3千3百人余が48時間ストで決起したのをはじめ、沖教祖など35単産単組4万1千6百人余が24時間全面ストと、組織労働者7万人余が参加。また、農漁民3万2千人余も参加した。

ゼネストは、全住民を巻き込んだ。全琉の小中高や大学が休校になった。バス、タクシーの公共交通機関が運休した。市町村の窓口業務もマヒした。店を閉める商店も多く、町村のサシミ屋まで閉まる所が多かった。

この、二度のゼネストは、戦後日本の歴史の中で、初めての闘いであった。そして、唯一の闘いであり経験であった。そのことを私は、大きな誇りにし、教訓にしたいと思う。

私は、72年沖縄併合・日本復帰の年に、大学を休学して沖縄へ帰って来た。沖縄併合という大きな歴史の曲がり角で、是非とも沖縄現地の家族や友人たちと共に闘い、生き抜きたかったのである。

そのとき、「松永裁判闘争」に出会い、「松永裁判闘争を支援する市民会議」に加わり、事務局の一員になった。この闘いは、沖縄の歴史の中で、初めての「市民運動」になった。市民会議では、弁護団会議や資金集めのための「古本市」が特に楽しかった。松永裁判は幸い、「無罪で勝利」した。今年は、その裁判闘争から50年になる。皆、よく生き延びたと思う。その意義を多いに語り合いたい。

シンポに寄せて

「復帰」は二重の国家従属の始まり、ウチナー、チャースガ

宮城 恵美子（内海）

沖縄返還協定の国会批准を一週間後に控えた1971年11月10日、多くの（14万余人）の労働者が、返還協定批准阻止を訴え沖縄全土でゼネストを実施した。日米従属のスタート直前だった。

ゼネスト当時は、学生として大阪に住んでいた。60年代後半の高校時代には「復帰するのだ」と、なんとも言えない「わくわく感」があったが、学生の頃には冷めていく気分になっていた。一方、漠然と世界革命を目指し行動してボリビアの山中で亡くなったチェゲバラから学ぼうと志向、大阪外大では「ラテンアメリカ研究会」に所属し「国境を超える革命」はいかにあるのかを学び始めていた。

72年の5・15には復帰熱は失せて日本国家と対峙す

る気持ちに変わっていた。それは青春のセンチメンタリーではなく、今も国家を討つ考えは弱まることはない。日米政府の沖縄政策は軍事基地強化である。今現在も琉球列島ミサイル基地化、自衛隊駐屯基地化が進行している。住民を「捨て石」にすることには無配慮の日本政府である。辺野古新基地は海兵隊だけではなく自衛隊も使用する。日米軍事同盟による自由使用の一環である。沖縄の長年に亘る闘いにもかかわらず基地の整理縮小・撤退はほど遠い。経済から社会の課題まで課題は山積している。辺野古新基地建設阻止は道なかばだが、現時点は「コロナ」でヤキモキしながら「沖縄平和市民連絡会の共同世話人」の役目を何とかこなしながら70代を迎えた。子や孫の時代は反基地闘争をしながらの「ながら生活」に終止符を打ちたい。沖縄自立・独立も辞さない闘いを組めるかも視野に入れ、そのための広範な大衆的議論の蓄積が必要である。だから「ゆんたく広場」を作って地域から沖縄の行く道を模索したいと日ごろ取り組んでいる。

さて、話を元に戻そう。沖縄ゼネスト後であるが、私は1976年に沖縄に戻ってきた。戻ってすぐに着手した闘いは金武湾を守る会の闘いを那覇から支援しようと結成した運動団体「CTSを阻止する会」であった。沖縄県庁の近くに黄色い家が拠点であった。その後そこは反公害の拠点にもなり、当時の沖縄大学の先生たち（山門健一氏や阿部亮一氏ら）も通い始めた。そして金武湾闘争を闘いながら日常的には合成洗剤追放＝石鹸拡大運動も行った。その中で松永孝子さん（松永優氏の配偶者）と、高校の教育現場などに足を運び、公害追放の運動を始めた。「松永裁判を闘う仲間」ができた。そのうち黄色い家はいつのまにか石鹸ハウスと呼ばれ琉球弧全体の地域運動ともつながった。さながら日常的な反基地・反戦・反公害運動の那覇拠点であった。松永優さんも時には車で一緒に石鹸売りをしたり、古本市を開催して地域闘争のパンフレットなどを広げたり、琉球弧の住民運動の流れを作ったのであった。その後、私たちは新崎盛暉氏らの呼びかけで一坪反戦地主になり今に至る。沖縄ゼネストに参加した松永さんは冤罪の被害を被った。誠に甚大な痛手であり精神的苦痛は如何ほどであったか当事者にしか分からない苦悩を乗り越えてこられた。あの松永冤罪事件も含めて日米政府の沖縄政策に「ノー」を突き付けて闘うことは、私にとっては現在進行形の一つである。

シンポに寄せて

琉球・沖縄の自己決定権と日米軍事同盟

内海 正三

私は沖縄国際人権法研究会に所属していますので、戦後沖縄を俯瞰した感想を書きます。1945年の沖縄戦を経て米軍は軍事植民地として人々を支配します。人命も土地の権利も奪われた状況の中で、人々は生きるためにあらん限りの抵抗を行います。一方でナチスドイツによるジェノサイドを経験した国際社会は、国家の枠内での人権では虐殺を防げなかったと、1948年に『世界人権宣言』を国連で採択し、世界の何処に生まれ、住んでいようが、人々の基本的人権は守られなければならないとしました。次いで1960年に『植民地独立付与宣言』を採択します。これに呼応して琉球政府立法院は1962年2月1日に『2・1決議』を採択し、沖縄の植民地状況に対する国際社会の注意を喚起しました。日米政府が沖縄の人々の意思を無視し、軍事独裁を継続したので、教職員の政治活動を制限する1967年の「教公二法」を廃案に追い込む等の大衆運動の高揚で答えました。ベトナム戦争が激化する中で悪魔の島と形容された沖縄は反戦運動を戦い、人権が制約される米軍治世下からの脱却を求め「復帰」運動が高揚します。人権確立を求めた「復帰」に対して日米政府は「米軍基地の自由使用」「日米地位協定の継続」と言うゼロ回答で対応します。まやかしの「復帰」に対して人々が意思表示を行ったのが1971年の「沖縄返還協定粉砕ゼネスト」です。琉球・沖縄の人々の自己決定権を求める戦いは「復帰」後も続きます。アジア侵略の旗印である日の丸の掲揚を強要する日本ソフトボール協会に対して実力行使を行った知花昌一氏（1987年）。軍用地強制使用への代理署名を拒否した大田知事（1995年）。返還が約束されている普天間基地へのオスプレイ配備に反対し全沖縄の市町村議会と首長が署名した「建白書」（2013年）。それでも琉球弧の島々に自衛隊基地建設を行い、辺野古新基地建設を強行し、軍事植民地強化を進める日米政府。人権確立のためには戦いが不可欠の状況が続きます。

シンポに寄せて

11・10ゼネストの頃

武石 和実

「1970年12月20日　沖縄コザで暴動!」このニュースは横浜界隈でデモや集会に駆けずり回っていた私の心を激しくゆすった。小西裁判や富村裁判に関わりつつも何となく行き詰まりを感じていた中で、コザ暴動はいよいよ沖縄にその時が迫っている、と思わずにはいられなかったのである。沖縄は希望の星だったのだ。

時は1971年11・10ゼネストに向っていた。1947年の2・1ゼネストがつぶされて以降ゼネストが具体的な課題として提起されたのはこれが初めてのことであり、70年安保の敗北を乗り越える契機ともなり得るものであった。

11・10ゼネストに向けて私は沖縄へと渡航を図ったが、過去(?)がたたってビザが下りなかった。東京でのゼネストに呼応した集会(代々木?)の場では、「沖青同が分裂したらしい。カイホウ派というらしい」「カイホウ派?解放派ということかい?」「いや海邦派ということだよ」などという会話が流されていた。

最初のゼネストは土壇場での復帰協・県労協指導部の屈服によって中止に追い込まれたが、怒れる民衆は5・19と11・10の2度のゼネストでこれに答えた。松永さんの事件は11・10ゼネストで発生したことであった。この頃の私はまだ松永さんのことをほとんど何も知ってはいなかった。

当時の私はまだ横浜でウロウロしていたが、沖縄出身の友人Nと組んで沖縄行きを企てていた。ゼネストは中止に追い込まれたとはいえ、5・15の「本土復帰」はま近かであり、その現場に何としても立ち会いたかったからである。努力の甲斐あって復帰前に来沖できた。

1972年5月15日、激しい雨の中の与儀公園での集会は、「復帰」の喜びなどとは無縁の重苦しい空気が張りつめていたことを記憶している。涙雨の「復帰」であった。

来沖し、某印刷に就職して2～3年は労働組合を結成し、ストライキに明け暮れ、争議解決後の今風にいえばフリーター生活の中で松永優さんの裁判闘争に関わることとなった。契機は故人となった詩人の山口恒二さんとの交流の延長線上のことだったと思う。裁判闘支援に企画された古本市で古本を買いつつ支援活動を行った。この時にできた人間関係は今も私を助けてくれているし、この時の経験が後に古本店を始める契機の一つとなったのである。

当時の松永さんは、様々な苦難を抱えていたのだろうけれども、そんなことは表に出さず、泰然自若という風に見えた。無罪が確定した後も権力は司法賠償にも応じず、権力にはむかう者には人権などなし、というかの様であった。永い苦難の中でも松永さんがその志を貫き、染色作家として生きている姿は私達にも勇気を与えてくれるものだ。

11・10ゼネストから50年。望むものではなかったはずだが、当時と変わらず今沖縄は日米安保体制の矛盾を一身に背負い、かつそれに抵抗する闘いの最先端を担っている。

この間、日米安保の内実は近年の研究によって随分明らかになってきた。様々な形の秘密協定でがんじがらめになり、そういった差別協定を日本政府が嬉々として受け入れ、それどころかアメリカの足をつかんで離さず、沖縄を人身御供に差し出しているのである。今や沖縄の基地撤去の敵はアメリカ以上に日本政府だということも露わとなった。辺野古基地建設にしがみつき、他の声には一切向き合うことなく、基地強化に血道を上げる者達を許してはならない。私は、これからもこの闘いの一端を担い続けていきたい。決して権力に屈することなく、自立し、風潮の中に自分を埋没させないことが私達の生きる道というものだ。

シンポに寄せて

11・10ゼネスト50年目を迎えるにあたって

知花 昌一（僧侶）

1971年は大学闘争・安保・沖縄返還と続く政治の時代でした。とくに沖縄では世替りの「復帰」を直前に米軍基地をそのまま残すという返還協定が明らかになる中で、怒りに燃え10万人も結集する5・19ゼネストもあり、それに続く11・10ゼネストは沖縄の将来を決める決戦だと私達学生はとらえ、機動隊を粉砕し、米軍司令部に突入する方針を立てていた。

ヘルメットと顔をすっぽり覆う面をかぶり、鍬の柄を背負い、火炎瓶を手にした行動隊を編成し、10万人も超えようとする沖縄民衆の結集に興奮し、時代を変革しようとする気負いに燃え、与儀公園から安謝までは解放区を実現し、変電所にも牧港米軍住宅地にも火炎瓶が投げられた。機動隊がいたのは泊交番だけであり、そこにも火炎瓶が投げられ機動隊は散っていた。勢理客交番にも機動隊が配置されていたらしくそこの機動隊がデモ隊に突入し、衝突、1人の機動隊がデモ隊に火炎瓶を投げられ殴打され死亡する事件が起こった。「山川巡査の死亡」である。強烈に頭に残っている。多くのデモを経験した中で初めてのしかも目の前での犠牲者だったからである。

当日私は沖縄大学自治会の会長として沖大生400〜500名の先頭に居た。衝突の現場（勢理客交差点）に着いた時すでに1人の機動隊が倒れ、その上に「沖大反戦」の旗が頭から被せられ、足下には煙が漂っている。誰もが死亡していることがわかる。そこを取り巻く様に民衆が立ち止まっている。誰も動こうとしない。1人の「機動隊の死」「人間の死」の前に誰もがたじろぎ金縛りにあったような、一瞬時が止まったようであった。誰かが「前に進もう」との声で動き出すが闘争心は消え失せ、米軍司令部はすぐそこであるにもかかわらず、火炎瓶は目の前に積まれているにもかかわらず手に取る人はほとんどいない。しばらくすると司令部側軍用道路1号線（国道58号線）から機動隊が催涙弾を水平討ちしながら突進してきた。すでに仲間が犠牲になったとの情報が入っていたのだろう機動隊はたけり狂ったようにデモ参加者に襲いかかった。とにかく「蜘蛛の子を散らすように」逃げるのみであった。まるで、ミャンマーの軍隊がデモ隊に襲いかかるような惨状であった。当日安謝埋立地でプロレスの興業があったが帰りの参加者も見境なく殴打された。安謝バス停の近くに病院があったが機動隊に殴打され傷ついた人でいっぱいだったと聞いた。しばらくしてから「本土から来た過激派の指導者」として松永さんがでっち上げで逮捕され、私の統括する沖大自治会の19歳の学生同僚も火炎瓶を投げた写真が出てきて、殺人罪で逮捕された。警察は証拠写真探しのため家宅捜査を強行し、デモ参加者の逮捕を続けた。日々悶々恐惶の日を送ったことを思い出す。結果的に松永さんは長い裁判闘争で無罪を勝ち取り、沖大の学生同僚は「未必の故意」で有罪3年の刑となった。時として時代は私達にとてつもない「苦」を強いるものです。11・10ゼネストは多くの犠牲を出したが時代のうねりの中での出来事であった。

今、辺野古や高江、宮古・八重山への自衛隊ミサイル配備など大きな試練を前にしているが、立ち止まり押し続けるあきらめない革新の姿勢を持ち続けたいものです。

シンポに寄せて

松永優さんとの関わりについて

比嘉　盛毅

表題について、半世紀前の記憶を辿ってみると、其の切っ掛けは松永さんの友人が千葉大学で、沖縄出身の学生に松永さん救出（支援）を呼びかけた事を当時在学中の弟（しげの三男）が知ることとなり、母親しげに連絡して来た事が始まりであった。松永さんが拘束されたゼネスト事件については、新聞報道で概要は知っていましたが、弟から「家族や友人が松永さんの詳細な情報を知りたがっている」との事で協力要請があり、後日、しげは庭先の花一輪（イチハツの花）を携えて拘置所の松永さんを訪ねたようです。

松永さんとの最初の対面を果たした母（しげ）に印象を尋ねると、松永さんに好感を持った様で「あのような人が事件や犯罪を起こす筈がない。何とか支援しなければならない」との返事が返ってきました。そこで母と私は支援協力出来る事を模索しながら、先ず始めたのが身近にいる支援協力者（より影響力のある）を探すことと松永さんの家族や弁護士との連絡等でした。中でも、母が親戚に当たる金城秀三さん（当時、琉大教授）の支援協力を仰いだ事は印象に残っています。母は其の他にも同僚の教職員関係者や友人知人達に、松永さんの人柄を伝えることで支援への理解と協力を求めるのに努めていたようです。

新聞報道から見る当時の県内状況は、松永さんの支援活動に極めてネガティブな環境下でのスタートではなかったかと思います。その後、支援活動の輪は拡がり松永裁判へと繋がっていったものと思います。

50年経過した今、故人の母が松永さん支援に関わった事を思い出してみると、それは一人の人間として極めて単純な動機から出た行動だったと思います。拘置所での初対面から受けた直感が確信となり、この様な事件を傍観する事は冤罪に加担する事を意味し一人の人間として、この様な不条理に我慢できなかったからだと思います。

２０２１年５月５日

シンポに寄せて

ゼネストから50年

私の場合

吉岡　攻

あの日、私が撮った写真は不当にも警察に押収された。明らかに「表現の自由」を犯すものだ、と裁判に訴えて勝利したものの、一方で私が怯えたのは、押収された自分の写真が他人の殺人容疑の証拠として使われてしまうのではないかということだった。幸いなことにそうはならなかったが、松永優さんの逮捕、起訴、裁判では、同じように市民や新聞社から押収した写真がその有力な証拠として採用されたということにはショックを受けた。そこには写真をめぐる理不尽な解釈がまかり通っていたからだ。

事件のある一瞬を切り撮った写真が、例え加害・被害の関係性を見せつけているかに見えたとしても、実は、写真はまだ何も語ってはいない。写真が真実を語るのは、撮影者の言葉が添えられたときだけだ。だが、そんなことに権力はお構いなしだ。彼らにとって写真とは、真実を写していると都合良く解釈して起訴状に書き込んでいく。撮影者から見れば、理不尽極まりない。

火炎瓶の炎に包まれ警察官が死亡という痛ましい事件を伴った「一一・一〇ネスト」。五〇年前の事件だが、しかし、私にとっては昨日のことのように思える。それは、恐らく「表現の自由」をめぐる憲法上の権利が、今日ではますます危うさに晒されているからだろう。つまり、不都合なものはバッサリと、都合のいいものは思いのままにという表現物に対する権力者の本性に倣うかのように、社会もまたその二項に色濃く分け隔てられてきているところからも明らかだと思うからである。

シンポに寄せて

外野席で闘った松永裁判

森口　豁

11・10ゼネストの機動隊員死亡をめぐって、わたしは松永冤罪裁判と同時にフリーのカメラマンが琉球警察本部長を相手取って起こした民事訴訟にも関わることになった。容疑者割り出しのための写真欲しさに、カメラマンに殺人容疑をかけて家宅捜索、事件現場などを撮影した写真数十点が押収された事件である。沖縄現地と本土在住の写真家らが呼応して「報道の自由を守る会」を結成して原告を支援、裁判を勝利に導いた。

当時わたしは、在京テレビ局の「沖縄常駐特派員」としてマスコミの最前線で働いていた。だから松永裁判のような刑事事件を公然と支援することは憚られた。でも「松永裁判を支える市民会議」の一員として岡本恵徳さんや詩人の山口恒二さん共々、証人探しや法廷戦術の検討など、冤罪を晴らすための作業を日夜続けた。「救助行為」が「殺害行為」とされるようなことは絶対にあってはならない、と。

市民会議の役割の一つに裁判にかかる資金作りがあった。本土在住の弁護士の飛行機代や宿泊費をどうやって作るか。思いついたのが古本市だった。手分けして友人や知人を訪ね「本の提供を！」と頭を下げた。新聞人から芸術家まで多くの著名人が愛蔵書を惜しげもなく提供してくれた。画家の安次富長昭さんは、色紙に描いた水彩画数点を出品してくれた。そのうちの二点をわたしは買い求めた。

シンポに寄せて

「月桃忌の内側から」

近田 和生

父・近田洋一が琉球新報の東京勤務になったのは1972年、本土復帰を見届けての転勤でした。父、母（恵美子）、私当時5歳、妹（かな）当時3歳の4人家族は沖縄と本土の距離を確認するように、船と電車を乗り継いで埼玉県の鴻巣市に移動しました。初めて九州で乗った電車の車窓からの景色を今でも覚えています。新居は松永優さんのご自宅からすぐ近く、新報の東京支社からは当時電車で1時間半の場所にありました。

毎日のように通った優おじさんの家では（おじさんの）お父様が着物の絵付けをされており、蝋の溶ける独特な匂いが、お父様やお母様の優しい笑顔と共に思い出されます。そしておじさんの奥さまの孝子さん、お姉様の七重さんほか松永家の人々はみな、沖縄から離れた私たち兄妹にとっては肉親同然でした。家族ぐるみの付き合いが頻繁に行われたのは、松永家が芸術家の家柄であったことも理由の一つだったと思います。劇団創造の創立メンバーだった両親ですから、二人は本土で芸術鑑賞に心酔しました。唐十郎の状況劇場、宝塚歌劇団、岩波ホールの単館上映系映画などを堪能しては、松永家のみなさんと語り合うのです。その影響か、父は芸術的衝動を抑えきれず、一時陶芸家の道を歩みます。3年の修行の末、ミーバイが描かれた父の壺は数十万円の値がつくほどになりました。何がきっかけだったか記憶がありませんが、父はその後再び埼玉新聞の記者として報道の世界に戻ります。

本土に来てからほどなくして琉球新報から沖縄へ戻れとの辞令が出た際、父はそれを断り一家は本土に留まることを決めます。その理由を私たち兄妹はずっと「多様な芸術が観られる環境で子供達を育てるため」と思っていましたが、父の死後、それは松永裁判を最後まで見届けるためだったと知ります。「返還協定反対」のゼネストが行われたのが1971年11月。この時私は4歳でしたので、私が松永裁判について考えるのは埼玉に移り住んでからずっと後のことでした。

そういった訳で、裁判に関する私の浅い知見はここでは省略させていただき、「復帰後の近田洋一と家族の歩み」と「松永家との交流」を簡単にまとめてみました。因みに私はその後、劇団青年座に入団。津嘉山正種さんの付き人を経験し、現在も俳優と音楽家（いわゆるＤＪ）として表現の世界で仕事をしています。

シンポに寄せて

私と沖縄

ゼネストから50年 私の場合

江藤 善章

1972年2月、私は八重山諸島の西表島にいた。そこで聞いた言葉がいつも耳から離れない。「江藤さん、日本に復帰するのは嬉しいけど、だけどね、やまとは、本当に沖縄のことをちゃんとやってくれるんだろうかね…」。地元のたちとオジーたちと泡盛を飲んでいた時のことだった。「本土復帰」が目前にあった。八重山の人にとってそれは具体的な問題だった。「マラリア撲滅」のことだ。マラリヤでたくさんの人が死に村が崩壊した。戦後アメリカは、この八重山のマラリア撲滅のために活動した実績を持っていた。「やまと」はほとんど何もしなかったのだ。

1968年から八重山を周り始めた。家を借りて二週間から一か月住み、サトウキビ伐採の手伝いなどをしていた。最初は地域研究のためだったが、その後は島をめぐり人々の暮らしに近づくことが楽しくて仕方なかった。糸満で伐採が終わった後の飲み会、シャツを脱いだオジーの肩に刻まれた月のクレーターのような傷跡に驚くと、みんなが一斉に笑いながら貫通銃創の後だと教えてくれ、それを機に次々と裸になって傷を見せてくれた。私にとって沖縄戦とはあの時の肌に刻まれた月のクレーターとなった。

72年3月、石垣から那覇への船に乗った。集団就職で本土に渡る多くの卒業生がいた。全島から集まった見送りの人たちと、それにこたえる彼らは修学旅行のような賑わいだった。しかし、銅鑼が鳴った瞬間、甲板は慟哭の場となった。一斉に泣き始めた彼らの姿とエメラルドグリーンの海の上を交錯する指笛。思い出すだけでも胸が締め付けられる。

1972年5月「本土復帰」が行われた。沖縄の人々の願いとかけ離れたものだった。何もできなかった自分自身が情けなかった。その時から沖縄に行くことをやめた。自分が納得することが出来ない限り行かないと決意した。学校と障がい者問題を取り組んでいた時に近田さんと出会った。「障がい者問題と沖縄問題は同じなんですよ」と言われたことをきっかけに、沖縄に行くようになった。20年が経っていた。

２０２１年6月、何も変わっていない現実がある。悔いを残さないために、自分がやれることをやろうと思っている。

シンポに寄せて

私にとって11・10とは

長嶺 勇

50年前の私は沖縄を離れていたため、返還協定の内実に迫る沖縄の風景を知る由もなく、抗議行動に参加することもありませんでした。

松永さんの支援運動を知るきっかけになったのは、１９７９年の9月頃、平良牧師が赴任する佐敷教会を訪ねる機会があったからです。サトウキビ畑に囲まれた教会は小さな赤瓦葺きで、壁板は朽ち果てそうで決して立派とはいいがたい佇まいでした。私たちが訪れると平良牧師夫妻は温かく迎えてくださった。11月10日に挙式を上げたいと話すと、悦美さんは「あなた達にとって大事な日をどうしてここで？」と尋ねられた。連れ合いは「記念すべき日は最も尊敬する平良先生の教会でと、思い付けてきましたので」と応えると、お二人は快く引き受けてくださいました。

　1979年11月10日佐敷教会の信徒多数列席のもと挙式。私は聖書の誓いの言葉を朗読したが、心の中では「自分の弱さ卑しさを乗り越えながら不条理に立ち向かうため共に行動する」と自分に誓った。その日が私たちの11・10でした。

　松永さん夫妻と知り合うことになった記憶は定かではないが、2年周期で開催される個展を終えると、山奥の我が家に優さん、孝子さんが一泊し、友人たちにも声をかけ、一緒に酒を飲みながらとりとめのない話に現を抜かし、時間が過ぎるのを忘れしまうことが恒例になっています。

　佐敷教会を訪れ、松永さんの救援活動について尋ねると、生活が困窮し野菜を買うこともままならなく、野草を食材にするほど清貧な暮らしぶりだったが、松永さんが来られると彼は体も大きく食欲も多盛で」と。それも楽しそうに話す悦美さんの表情には、厳しい裁判闘争の渦中にある松永さんにとって、心温まるひと時だったに違いないと勝手に想像したものです。

　私にとってゼネストの記憶といえば、1968年11月19日。「夜嵐の戸を叩く音に起きてぃみりば里やあらんB52どやたる」と風刺されるベトナムを破壊、殺戮せんと飛び立とうとした黒い殺人機B52が墜落炎上した事故である。その怒りは燎原の炎のように瞬く間に全島に広がり、翌年の2月4日にゼネスト決行を決定したが、米軍・日本政府の弾圧は吹き荒れゼネスト決行は幻影となってしまった。しかし沖縄民衆はくじけることなく、全軍労はベトナムへの兵器、物資搬出阻止闘争を基地内から決起、ベトナム反戦闘争、反基地闘争は大きく前進することとなった。

　私たち嘉手納ピースアクションは、毎週金曜日の早朝から嘉手納基地での抗議行動を4年余継続しているがその志を引き継ぐ思いからである。沖縄は過去から学び、絶え間ない闘いを継承してきたが、日本政府の不条理な暴虐はますますとどまるところを知らない。とりわけ戦争で命を失った遺骨を拾い集め、建立した魂魄の塔のすぐ近くから、遺骨や傷ついたひとびとの血がしみ込んだ砕石を採掘し、あの人殺しの基地、辺野古新基地の埋め立てに利用しようとする、人間の常識を逸脱した不条理な国日本。50年の過去と現在に向き合えば、日本いう国との決別が沖縄の未来を獲得する唯一の道であり、私は生きている間に日本にさようならする日が実現することを願うばかりである。

※松永さんとの出会いは、星野救援活動を通じてのことも承知していますが、あえて伏せました。ご了承ください。書き始めると文章力のないせいか2000以上になってしまい、削除してもこのような字数になってしまいました。紙面の制限もあることでしょうからどうぞ没にしてもかまいませんので。

シンポに寄せて

芸術創作の取り組み

佐喜眞　道夫

50年前、私の学生時代は全国の大学で全共闘運動が高揚した時代である。主要テーマは「沖縄問題」だったので、私の心もざわついていた。しかし、学生達の議論は沖縄の歴史も文化も吹き飛ばして、政治問題に集中していたので私の関心とはかけ離れていた。「お前は沖縄の人間だから運動をやるのは当然だろう。」と随分勧誘されたものだが、私は全身全霊でやる気にはなれなかった。

しかし、沖縄の「怒りのマグマ」は爆発寸前まで進み、ゼネストの高みまで高揚した。あのゼネストが成功していたならば沖縄の主体性は今とはずいぶん変わっていただろう、と思うのだが、沖縄の民衆運動を徹底的に潰そうとする権力側との激しい対立の中で警察側に死者が出た。市民のデモ隊のなかから「火だるまの人間」を救出するため飛び出した人が松永優さんだった。ところが、こともあろうに権力側は松永さんを警官殺しの犯人にでっち上げて逮捕してしまった。それを聞いて私は背筋が寒くなる思いがしたが、彼のまっすぐな態度は「正義は我々市民の側にある」ということを私たちに確信させてくれた。

1994年に美術館を開館するため沖縄に帰ってからは、2年に1度のりうぼう美術サロンでの松永さんの染色布展が楽しみで出かけている。彼のテーマはいつも大きい。毎回確かな一歩一歩を感じて、私もそうありたいものだと力をもらってきた。全共闘運動に熱中した仲間たちはその後の社会との折り合いをつけるのが下手で苦しんでいるのをたくさん見ていくなかで、私は松永さんの確かな歩みが嬉しかったのかもしれない。

丸木位里・丸木俊は、広島をみたあと30年をかけて《原爆の図》全一五部を描きあげた。1978年からふたりは沖縄に通い詰めて160冊以上の沖縄関係の本を読み、沖縄の多くの人びとに出会い、沖縄の心を学んだ。80歳を超えた位里は、沖縄の怒りのマグマ（沖縄の心）に触発されて作家魂を再燃させている俊とともに丸木芸術の集大成としての《沖縄戦の図》14部を描ききったのである。そしてふたりの共同制作の画業は大山脈となった。私は大きなテーマを持つ松永さん夫妻の歩みもそのようであってほしいと期待しているのである。

シンポに寄せて

黒い嘔吐

ゼネストから50年　私の場合

伊佐 眞一 (沖縄近現代史家)

私が大学に入学したのは1971年の4月で、ちょうど50年まえ。1951年生まれだから、この年に満ハタチ。大学は自宅から目と鼻の先にあって、通学というのもおかしいくらいで、一見すると小・中・高までと何ら変わらない、じつにのんびりした日常であった。

そんな暮らしのなかにはいても、しかし世の中はまるで逆。私の普段の生活や学業にはほとんど口を出さなかった父親が、学生運動だけはするなと言ったところからすると、その方面への関心が高いようにみえたのかもしれない。事実、いまでは世界有数の覇権国家に変貌している中国の国連加盟問題、これなどはずいぶんと興味をそそられ、あれこれの雑誌などを読んだ記憶がある。毛沢東や周恩来への興味が大きかったが、その中国へのキッシンジャーの電撃訪問があって、そのあとにドル防衛のニクソン・ショックが続いた。夏の暑い盛りのころで、そうしたニュースは、現に米軍支配下にいて、かつドルを使う生活をしていただけに、経済学科の1年生にも無関心ではおれなかった。

そこで、沖縄はどうだったのか、ということになるが、「復帰」「施政権返還」という名の、日米による「沖縄転がし」の取引が大詰めを迎えていた。ウチナーンチュからすれば、まったくヤクザな異民族たちによる沖縄受け渡しの手打ち式――「沖縄返還協定」の調印が6月。当事者である沖縄の意思など、彼らにはこっちの要求が何であろうと知ったことではなかった。11月10日のゼネストは、それに対するウチナーの回答だったはずだ。

勢理客でのことは、翌日の新聞で知った。黒々とした闇のなかに白く燃える炎とそこにうごめく人間。

あの光景ほどに、沖縄におおいかぶさってくる新たな支配権力を直感させたものはない。琉球の染色に惹かれて来島した青年のデッチ上げ逮捕の意味も、しばらくはよくわからないままに、その後何度か、「反弾圧古本市」へ足を運んだ。国場ビルの傍にあった小さな公園内の古ぼけた市民集会所が会場であった。

いま思うと、松永さんのそれは、1955年、CICに拉致・拷問された国場幸太郎と一対にみえるが、ではこうした弾圧は国家権力だけのものであったのか。――ウブな若者には、何とも得がたい学習をさせられたような気がする。そしてあのとき喉元にせり上がった吐き気の感覚は、いまなお消えてはいない。

シンポに寄せて

復帰50年　私の場合

桃原　功（宜野湾市議会議員）

宜野湾市には普天間基地とキャンプ瑞慶覧があり、50年前は6年生か中1だった私はキャンプ瑞慶覧に野球やバスケットをしに友人を連れ立って遊んでいた。秋のコジキ祭り（今はハロウィン）でお菓子を貰いに家族部隊のドアを片っ端からノックし、チョコ等を頂いていた。コジキ祭りに行ってきたと言うと「あんたはコジキか！」と母に叱られた記憶も懐かしい。

結婚や子の誕生などプライベートを除き、私の中で最も衝撃的だったのが、復帰前の小学4年の頃、母と母の友人らと那覇港から清水港経由の船で行った東京旅行と78年の人は右、車は左に変わったナナサンマルと95年の米兵による少女暴行事件がトリガーになる普天間基地返還合意である。
船旅だが初めて行く東京旅行に興奮し船中もドンブラ揺れ寝つきが悪かった、それ以上に大変だったのは事前にパスポートを作り、予防接種をしたことだ。当時、沖縄の外に旅行するのは外国へでもなく、同類県でもなく、妙な感覚だったのを覚えている。清水港から観光バスに換え、箱根が近づくと「母ちゃん、パスポート出して」と母にねだった。理由は沖縄しか知らない私は県境は関所でありチェックされるものと勘違いしていたからだ。それを言うと周りから笑われた。

戦後30年余り慣れ親しんだ交通ルールが78年7月30日6時に激変した。大学生であった私は学費稼ぎで普天間の給油所でアルバイトをしていて、タクシーやバスの運転手さんの事故が多かったのを覚えている。左ハンドルのサニーを運転しながら、それは唯一無二で観光資源にもなりうるから、私は換えなくてもいいんじゃないかとバイト仲間とユンタクしていた。

95年の少女暴行事件は決して忘れない、事件翌年10月の沖縄県民総決起大会で大田知事の「一人の少女を守れずに申し訳ない」と謝罪した途端に私は号泣した。「知事が謝るのか！クリントンや橋本が謝るべきだ！」と叫んだ。96年に日米が返還合意した普天間基地だが、今は基地内に大型貯水池が二つ造られ、運用に邪魔だからと基地内のお墓を移転するという、25年前の合意は何処に行ったのか。

戦後75年、米軍が起因する事件、事故がどれだけあったのか。核兵器の貯蔵や誤射、毒ガス移送、軍用機の墜落、日常的な爆音被害、ＰＦＡＳ等の環境汚染、記述できない程の米兵犯罪。それらを含め基地の整理縮小だが、問題は日米が合意した事を履行しないことだ、後付けした普天間の移設先とされる辺野古新基地建設を止め、普天間基地を直ぐに返還しなさい。

シンポに寄せて

反米軍市民蜂起(70・12・20)と連動した「71・11・10ゼネスト」

石原　昌家

72年「日本復帰」直前、「沖縄返還協定批准反対」のゼネストデモが行われた際、警察官ひとりが殺害されるという事件が発生した。その前年の12月20日には、米軍・米兵による事件・事故への民衆の怒りのマグマが大爆発し、米軍車両80数台を焼き討ちする前例のない大事件が発生していた。

この事件は、単なる騒動や暴動ではなく、沖縄民衆のおかれている立場からの強烈な政治的メッセージだった。つまり、この反米軍行動は、25年におよぶ耐えがたい屈辱がどれほど根深いものであるかを、支配者に一瞬、形にしてみせた。それは死者をださないよう人身攻撃を目的とせず、もっぱら米軍車両を破壊することで抵抗の意志を示した。民家に被害を及ばないよう、米軍車両を道路中央に移動させて焼き打ちするという一定の「秩序」を参加市民は共有していた。米軍事植民地状態から脱却したいという意志が底流にある反米軍「市民蜂起」だったと私は把握している。さらに、ベトナム戦争真っただ中で殺戮の限りを尽くしている米軍に、銃撃される寸前に焼き打ちを止めた沖縄民衆は、非暴力と暴力のギリギリの境界線を肌で体得した。その経験は、その後の脱基地行動、辺野古の新基地建設阻止行動に、継承されている。

その事件の民衆の行動は、その内実が軍事植民地状態を継続する沖縄返還批准に反対するゼネストデモへと、向かわせたのである。

沖縄民衆の平和を希求する行動は、つねに非暴力が根底にあったが、デモ警備中の巡査が命を落とし、その遺族や同僚に深い怒りと悲しみを刻むことになった。疑いをかけられた松永優さんは「染色の勉強に訪れていて、返還協定に反対するデモにたった一人で参加しました。そのデモ行進の渦中で警官死亡事件に遭遇し、長い拘禁と6年もの裁判を余儀なくされました。」「しかしこの沖縄での歳月が、ぼくを人間として成長させてくれたと思っています。また、苦しみと辛さの中でこそ感じ取れる沢山の友人を得たことが、ぼくの宝ものです」という。その言葉は、「消火・救助行為」を認められ、冤罪による苦しみをくぐってきたひとの崇高な精神をあらわしている。松永さんの染色作品には、きっとそれが反映されているだろう。

シンポに寄せて

沖縄のポテンシャリテイ

渡久山　章（琉球大学名誉教授）

23年前の10月末、私達は西サモアに行った。河川水、サンゴ礁などを調査する目的であった。西サモアは南緯13度48分にあって熱帯である。

着いた翌日、浜辺を歩いた。大きな実をつけたコヤシの近くにハスノハギリ、オオハマボウ、オオバイヌビワ、モモタマナ、アダン、テリハボク、デイゴなど沖縄と同じ植物達が生育していた。海に入ると、サンゴ、ヒトデ、ナマコなど、やはりいつも目にしている生物たちの世界が広がっていた。

あと一つは温帯やその側のこと。私は鹿児島市内から指宿へバスで移動したことがある。そこにおける主要樹種は、沖縄島北部の主要樹種であるイタジイであった。静岡ではマテバシイの実を沢山拾った。

勿論マツやクワなど温帯植物は沖縄の各島で見られる。

頭の中で地球儀を回してみよう。世界の中で、熱帯、亜熱帯、温帯の広がりは両半球を合わせると広大になる。沖縄の植物を学ぶことは、沖縄にとどまらず、広く世界の理解に役立つことが分かってくる。海に関しても、黒潮が熱帯に発して温帯まで流れていることを考えると、同じことがいえる。沖縄は陸地でも海洋でも熱帯と温帯の橋渡し役を担っているといえる。

ここで、人の考え方や暮らし方と自然の関係を考えたい。人は自然から離れて暮らすことはできないので、人の考え方や暮らし方はその地域の自然と深い関係にあると思われる。すると沖縄に暮らす我々は、熱帯から温帯にかけての異文化を理解しやすい所に住んでいるといえる。

沖縄は世界の中でみると小さいが、世界の調和を保つのに重要な位置にある。私達はそんな大事な所に住んでいる。軍事的キーストーンではなく、本来の沖縄は平和を創るのに大事な位置にある。これが沖縄のポテンシャリテイである。

シンポに寄せて

この50年

西平 寛俊

屋良主席が琉球政府立法院における最後の施政方針で、ヤマト世への不安を吐露した。米軍基地がそのまま居座るのではないか、加えて自衛隊が進駐し沖縄基地が強化され、海外諸国を刺激するのではないかと。この50年、まさに屋良の不安を裏付ける日々ではなかったか。銃剣とブルドーザで住民を追い出し、財産を奪い建設されたハーグ陸戦法規違反の米軍基地の違法性をヤマト政府が糊塗する。忠実な下僕を得た米軍はさらにその代替を要求する。さらに自衛隊基地は今や60施設に及ぶ強大強靭なものとなり、今や琉球列島は、ヤマト、アメリカのための最前線として、再び戦場となることを想定した訓練が繰り返されている。米軍の圧政から逃れる方便と求めた民主憲法下で沖縄差別は繰り返され、武器を持たない、戦争しない平和憲法も風前の灯となっている。

大田知事が米軍基地強制使用問題で苦悩した頃、沖縄を軍事支配する日米の対応は馬上政治と揶揄された。米軍支配に呻吟してきた琉球馬に、さらにヤマト政府が乗っかり、ヤマトの背後で操るアメリカの2国の重みでよろける琉球馬から下馬すべきではないかと評された。今日の状況はさらに悪化し、沖縄戦の戦没者の遺骨で埋め立てて米軍の新基地を造り、将来は自衛隊基地にするという謀略がまかり通る事態となっている。

沖縄戦の惨禍を忘却させ、目の前の金網に違和感を唱えず、ヤマト、米軍の前線で再び戦禍を受入れる自発的従属の価値観に塗り替えようと企んでいる。そして基地被害の目くらましに自立経済という幻想を振り撒く。

土地買占めに始まり、海岸線の囲い込み、企業買収、乗っ取りが進み、地元企業は消え、ザル経済の穴はさらに大きくなるなかで、歴史も知らず振興予算と基地はリンクすると高飛車な輩まで闊歩する。
いじめ、ご都合主義の歴史解釈、空言・虚言を弄するヤマト、二枚舌のアメリカにすがり、奇跡を待つのではなく政治的自立で琉球・沖縄の未来を切り開こう。

シンポに寄せて

ゼネストから50年

私の場合

当真　嗣清

１９４９年1月、読谷村にて出生。琉球政府立読谷高校卒業後、１９６８年から東京へ留学、そして１９７６年から米国へ留学、１９８２年から再び故郷、琉球・沖縄に帰郷し現在に至る。

先ずお断りしなければならないのは私は１９７１年のゼネスト時は琉球・沖縄におりませんでした。そして松永裁判も今回初めて高良勉氏の原稿依頼で知りました。こんな私が果たして書く者として適切か迷いもありますが、その時代を生きた者として書くことによりその時代を理解して頂く一助になればと思い決意しました。
私の小学校、中学校を通して週訓はほとんど「標準語励行（後に共通語励行）」でした。方言（＝琉球諸語のウチナーグチ）を使うと罰として掃除当番や教室の後ろに立たされるなどされました。そのことが後に、知らず知らずの内に、日本語の標準語を使う人は私より凄い、エライ、優れているとと思うようになり、憧れる対象になりました。同時にウチナーグチを使うウチナーンチュはダメな人種、バカな民族と思うようになり、それが高じて大学はヤマトのそれも首都東京にすると勝手に決めていました。かろうじて私大の夜間部にすべりこむことができました。昼は就職することに、ラッキーにも美濃部亮吉氏が都知事をしていた東京都庁主税局に入ることができました。

その頃から日本より優れて、上にいるのはアメリカだと強く思うようになり、業務研修の一環で仕事しながら英語研修を希望、履修し、夜は街の英会話学校にも通いました。

そしてアメリカ留学をしました。元々お金が沢山あるわけでもないので、1学期勉強して次の学期はアルバイトをするという方法で、卒業もせずに、都合6年間滞在してしまいました。

琉球・沖縄よりヤマトが上、ヤマトより米国が上という不純な動機でアマハイクマハイしました。

何をもって上とか、下とするのか？何をもって優劣を決めるのか？おそらく義務教育時代の共通語励行が自分で勝手に琉球・沖縄より日本語がキレイなヤマトが優れている、ヤマトより英語がうまいアメリカがもっと優れていると考え、それに基づいて行動した結果だと思います。

このことから真の教育の果たす役割はとても重要な事だと理解する次第です。

戦前という時代は教育によって日本国民を戦争へ誘いこむことができた時代だと言えます。その反省から戦後の体制は行政部門と教育部門は分けられたと思考します。

私が琉球で受けた戦後教育は反戦という点においい

てはある程度〝良し〟としますが、差別の観点からは落第点ほぼ0点に近い評価しか下せません。

教育には良い理想があっても現場の活用で悪くなる、悪く受け取る危険性があることも一理あると思います。

ゼネストとは一切関係なく、意図したわけでは無いが、むしろそれを避けるようにして、ヤマトそして米国に逃避した、〝しまーぐぁー〟のたわごとに付き合っていただき感謝。

シンポに寄せて

ゼネストから50年 私の場合

真栄里 泰山

（沖縄現代史の会主宰・沖縄大学客員教授・沖縄県憲法普及協理事・沖縄県日韓親善協会理事長）

学生時代の60年代は、東京オリンピック、高度経済成長の時代。美濃部都政はじめ革新自治体の誕生など、時代変革の波は高く、沖縄問題も国民的運動として広まっていった。65年の佐藤来沖では軍用道路1号線（現在の国道58号）に座り込み・警棒で叩かれたのが運動のスタートだった。佐藤訪米では沖縄県人会と東京沖縄県学生会で三宅坂の社会党本部前で座り込みもしたが、当時は革新政党間のイニシアティブ競争にも戸惑うことも多かった。27度線の海上大会には夏休み帰省活動で沖縄側から参加、また、全国各地で沖縄出身留学生が参加した沖縄返還国民大行進では、沖縄代表として四国路を歩き、本土側からの大会参加という稀有な体験もした。新宿駅騒乱、東大闘争などの騒然たる中、世田谷で沖縄歴史研究会を始めたが、沖縄三大選挙では帰ってきて応援したりしていた。ベトナム反戦運動、B52墜落、二・四ゼネスト挫折、毒ガス移送、沖縄の意思を踏みにじる沖縄返還協定が明確になるにつれ、沖縄の地からあらためて問いなおさねばとの思いで――帰沖した。

沖縄は炎上していた。私は謝花昇の墓前祭や資料展で奔走したが、その後に全島の11・10ゼネストがあり、米軍占領下で初めての米民政府への大衆的デモとなった。

とはいえ、沖縄返還のなか我が家は生業の販売代理店契約破棄、同じく姉一家の経営破綻、父の急死などとまさに第三の琉球処分の波に翻弄された。そうしたなか、沖縄県憲法普及協議会の結成準備、沖縄学の父・伊波普猷生誕百年記念事業、沖縄戦と基地の平和ガイド活動、そして県立平和祈念資料館展示問題を提起した沖縄戦を考える会、沖縄戦や戦後の地域史編集促進のための沖縄県地域誌協議会の結成はじめ各種の出版祝賀会などを通じて、沖縄の近代、戦後史を担った多くの先輩たちから琉球文化の保存継承、抵抗の民衆史を学び、沖縄の民衆こそが日本変革のカウンターパワーだと確信した。また、革新共闘会議の学者文化人の会事務局、沖縄戦1フィート運動の会はじめ革新政党幹部との月例意見交換会「もくもく会」を通じて多くのリーダーたちと交流し、親泊那覇市政や大田県政誕生の裏方の役目を果たせたのは貴重な体験となった。

とはいえ、時代を変えることはそう簡単ではない。波のように寄せては返し、返しては寄せ、強固な峻崖をも次第に浸食変革してきたのが民衆の歴史だ。時には抗するに困難な時もある。しかし、引いたかに見える波は必ず大波の返し波となり時代を動かす。それが持続する意志であり、民衆史なのだ。祖国復帰50年の現在、沖縄の行き着く先はもう見えて来ている、東アジア、世界史の中で、沖縄は時代変革のフロンティアとして、大波を吹き上げることになるのだろう。

シンポに寄せて

この50年

自然の調和から俯瞰する

玉城 長正
（環境ＮＧＯ・やんばるの自然を歩む会
山アッチャー50年歴）

拝啓

緑深い木々に囲まれて花に季節あり、咲き、実り、生命の誕生、万物が勢いをます時節です。

老体に鞭を打ち、保護活動は何とかやっている。日々の山行は命の朽ちるまで。

２０１９年、南米アマゾンの森林伐採は、秋田県の面積に匹敵する。

牛肉を食べる人間のため牧場を造った。１kgの牛肉を生産するために、普通の車が約２５０㎞走る場合と同じ二酸化炭素を排出する。１kgの小麦を育てる場合の10倍の水を使うという。

地球温暖化によって森林が乾燥し、燃えやすくなっている。

金属製のホイールが舗装された道路にこすれ火花が散った。その火花が森林に引火して燃え広がった。カリフォルニア州南部の国有林4万6000ha以上焼きつくした。

2019年末から2020年初頭。オーストラリアの森林火災で1100万haもの森林が焼失した。10億匹の動物が死滅し、コアラやワラビー、トカゲ、昆虫など113種の動物が危機にさらされているという。

インドネシアの大規模森林火災は、パーム油原料の油ヤシ農園造成のために起こった。

熱帯雨林のなかにいたウイルスが森林破壊の過程で変異し、人間に感染して暴れ出している。

地球温暖化でウイルス類を媒介するネズミなど増えているといわれる。加速する環境破壊が新しい形の感染症をふやしていく危険性が指摘されています。

「コロナ禍」に揺れる人間社会。

よく生きるにはどうしたらよいかを考えるほかはない。自然環境の破壊は地球温暖化や気候変動を引き起こしている。自然の調和を損なわれないような暮らし方が求められる。

ゼネストに関する年表

年度・日時	出来事
1945年9月2日	東京湾上の米戦艦ミズーリ号の甲板で降伏文書の調印式
1946年11月	日本国憲法公布
1947年9月	【天皇メッセージ】米国による沖縄の軍事占領に関する天皇の見解。GHQはその内容をまとめ、同月20日付で連合国最高司令官に、同月22日付で米国国務長官に報告。内容は米国による琉球諸島の軍事占領の継続。日本の潜在主権を認め長期租借の形式で。
1951年9月	サンフランシスコ講和条約締結。
1952年4月28日	サンフランシスコ講和条約発効　沖縄は米国の軍政下に置かれる。
1954年1月	米国大統領アイゼンハワーが沖縄の無期限保持を表明。
1954年3月	米国民政府「軍用地料一括払いの方針」。
1955年4月	アジア＝アフリカ会議（バンドン会議）開催。第二次世界大戦後に独立したインドのジャワハルラール・ネルー首相、インドネシア大統領スカルノ、中華人民共和国首相周恩来、エジプト大統領ガマール・アブドゥル＝ナーセルが中心となって開催を目指した会議の総称。反帝国主義、反植民主義、民族自決がテーマ。

1956年6月	軍用地四原則貫徹県民大会（那覇高校に16万人集会参加）。
1958年11月	米国民政府「軍用地一括払い方針」を撤回。
1960年4月	沖縄県祖国復帰協議会結成。
1960年12月	国連総会で「植民地と人民に独立を付与する宣言」を採択。被支配地域人民が完全な独立と自由を享受できるようにするため、いかなる条件または留保もなしに、これらの地域人民の自由に表明する意思および希望にしたがい、人種、信仰または皮膚の色による差別なく、すべての権力をこれらの人民に委譲する迅速な措置を講じなければならない。「独立国家との自由な連合」、「独立国家への統合」および「独立」の三つは、完全な自治を達成するための正当な政治的地位についての選択肢であると定義づけた。
1962年2月	琉球立法院全会一致で2・1決議。琉球における軍事植民地状況への国際社会の注意を喚起した。決議文より「アメリカ合衆国による沖縄統治は、領土の不拡大及び民族自決の方向に反し、国連憲章の信託統治の条件に該当せず、国連加盟国たる日本の主権平等を無視し、統治の実態もまた国連憲章の統治に関する原則に反するものである」
1964年4月	琉球立法院で「沖縄の日本復帰に関する要請決議」を採択。「サンフランシスコ条約調印国は改めて国連憲章、世界人権宣言などに照らして沖縄の帰属問題を処理する義務がある」と、提案理由を中村晄兆議員（沖縄自民党）は説明した。同決議文はサンフランシスコ条約締結国であり、国連加盟国の49か国に送られた。

１９６５年８月	佐藤栄作首相が沖縄を訪問し、沖縄の日本復帰まで戦後は終了せずと発言。
１９６７年２月24日	琉球立法院で教公二法阻止闘争。沖縄教職員会の教員２万人が立法院前に集結し、教職員の政治活動を制限する教公二法案の廃案を迫った。警備の警官隊をごぼう抜きにして立法院に入り、与野党に廃案協定書を結ばせた。直接の実力行使が成果。沖縄での「革新共闘会議」の始まりでもあり、米国高等弁務官は運動の高まりの中で行政主席の公選を発表した。
１９６８年11月10日	初の行政主席公選で即時無条件全面返還を主張した革新共闘会議の屋良朝苗氏が当選。自由民主党は保守のエース西銘順治前那覇市長を立て、屋良が当選すれば復帰が遅れ、住民は米国の支援が無くなるので「イモとはだし」の生活になると日米政府の応援を得て選挙戦を行った。結果は３万票超（投票率89・11％）の差で屋良が勝利した。
１９６８年11月19日	米国戦略爆撃機Ｂ52がベトナム爆撃に向う際、嘉手納飛行場内で墜落し爆発炎上。主席公選直後に発生した大事故で戦争に巻き込まれる危険性を多くの県民が実感した。直ぐにＢ52撤去のゼネストへと動き出した。しかし、日本復帰へ向けて中央政府との交渉を重ねていた屋良主席に、ゼネストが決行されれば日本復帰が遅れるとの圧量が掛かり、２・４ゼネストは中止された。
１９６９年２月４日	命を守る県民総決起大会開催がゼネスト中止を受けて開催される（嘉手納町に４万人集結）。
１９６９年11月	佐藤首相と米国ニクソン大統領がワシントンにて会談し、１９７２年の沖縄返還を決定。

1970年5月	コザ市（現沖縄市）知花のゲート前で5千人が毒ガス撤去要求の座り込み。米本国以外で毒ガス兵器を貯蔵しているのは知花弾薬庫のみであり、この致死性のマスタードガス（HDガス）は国際法でも禁止されている毒物である。1969年7月の漏洩事故により貯蔵が発覚し、ゲート前への座り込み闘争から国際問題となった。
1970年12月20日	ゴザ蜂起。米軍車両80台余を焼き払う。騒動の3カ月前、本島南部の糸満町（現糸満市）で飲酒とスピード違反の米兵が主婦をひき殺す事件があり、12月11日に無罪判決が下された。米軍人や軍属による犯罪は60年代半ばには年間1000件。琉球警察は捜査権を持たず、米軍法会議で加害者が無罪放免されることがあり、住民は米軍に対する反発を強めていた。
1970年12月31日	国頭村伊部岳一帯での米軍実弾射撃演習を実力阻止・米軍は国頭村伊部岳一帯650haでの実弾射撃演習を12月31日から行うと通告。山林を生活の場とする住民は演習区域に入って実力行使の抵抗を示し、米軍を演習中止に追い込んだ。
1971年1月13日	米軍知花弾薬庫に貯蔵されている毒ガス兵器の国外への移送が始まる。毒ガス移送の後に住民約五千人が避難

1971年5月19日	沖縄返還協定粉砕ゼネストが行われる。日米共同声明に基づく沖縄返還協定粉砕を掲げた復帰協主催の完全復帰を求めるゼネスト。17単組5万3800人が24時間前面ストに入り、時限ストを含めると約10万人が参加した。学校も休校となり那覇の県民決起大会には約5万人が結集した。
1971年6月17日	日米政府が沖縄返還協定を締結。
1971年10月	「沖縄国会」始まる。県選出の議員は発言の機会無し。
1971年10月19日	沖縄青年同盟3戦士「国会爆竹闘争」→裁判闘争へ
1971年11月10日	二度目の沖縄返還協定粉砕ゼネストが行われる。沖縄返還協定の国会批准を一週間後に控えた1971年11月10日、全沖縄軍労働組合、日本官公庁労働組合協議会、教職員組合など14万余人の労働者が返還協定批准阻止を訴え沖縄全土でゼネストを実施し、当日の沖縄は全島で麻痺状態となった。沖縄県祖国復帰協議会は那覇市内で県民大会を開催し、7万人がデモ行進に参加した。
備考：ゼネストに伴うデモ現場を朝日新聞の腕章をつけ取材していた吉岡攻カメラマンを、殺人事件の被疑者グループとして家宅捜査を行い、フィルム等を押収した。この件に対して後日の国賠訴訟で50万円の慰謝料が支払われた。多くの違法捜査により集めた証拠で、松永優氏の裁判に警察・検察は臨んだ。	

激動の沖縄写真集

国吉和夫さん提供

1968. 原子力潜水艦

1968. 嘉手納

1969. 祖国復帰デモ

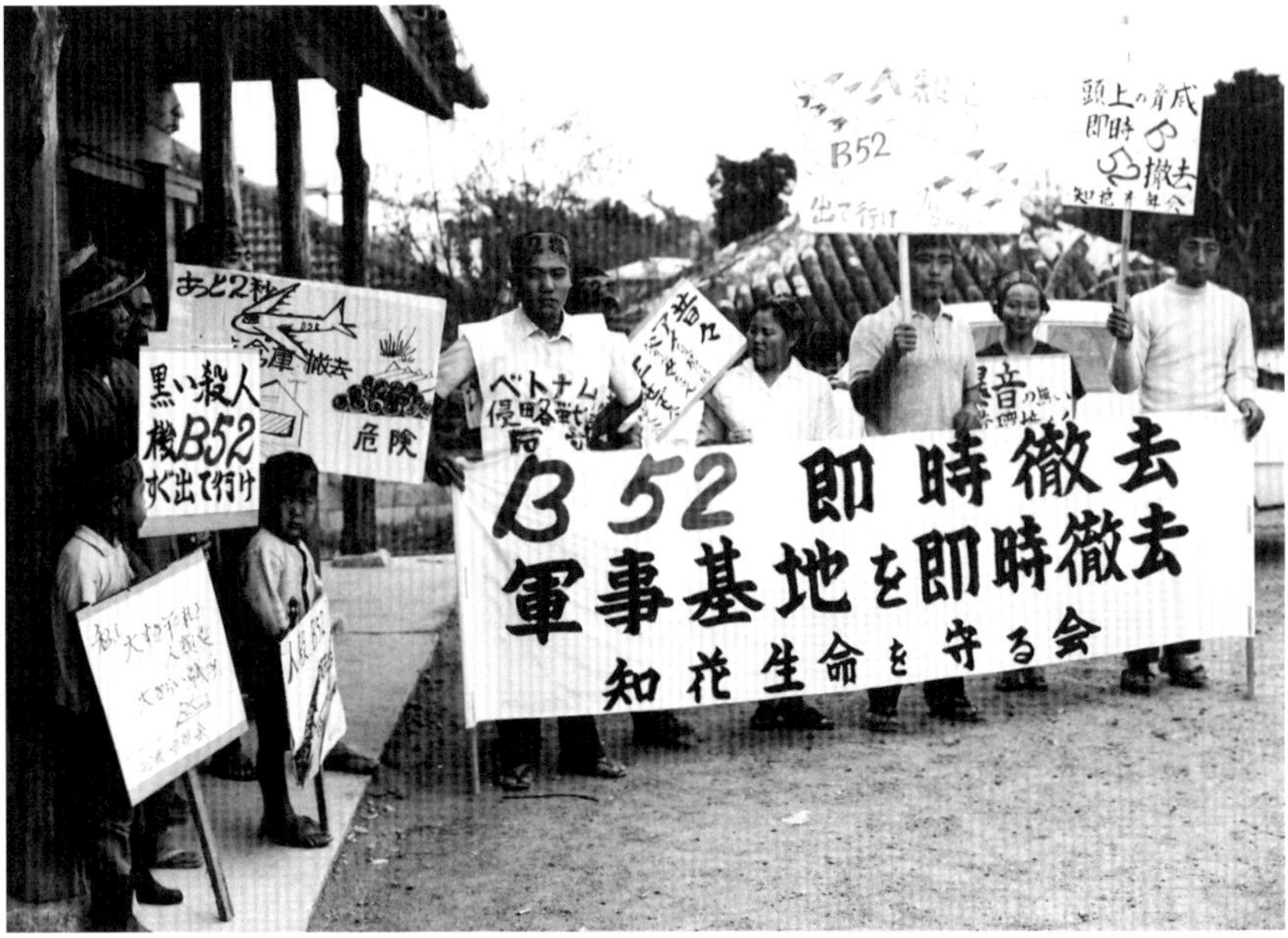

1969. 美里村知花

1970.12.19 美里村での県民大会

1970.12.20 コザ蜂起

1970. 嘉手納第二ゲート前全軍労ピケ

1970. 嘉手納第三ゲート

1970. 黙認耕作地

1970. 美里村知花

1970.12.28 米国民政府での学生デモ

1971.7.15 屋良、ランバート、高瀬ー毒ガス初日

1971. 石川市東恩納

1971.9.9 毒ガス移送最終日

1971. ズケラン防毒マスク講習会

1971. 北爆から帰還するB−52

1971. 独立党

1971. アフロアメリカ系米人が全軍労支援デモ

1971. 南米移住

1971.11.10 ゼネストでのデモ

1971. コザゲート通り

1972. 狂乱物価一平和通りデモ

1972. 那覇商工会議所

1972. 那覇空港委譲

1972.5.15 与儀公園県民大会

1972.5.16 復帰直後のコザで米兵同士の喧嘩

1975. 海洋博沖縄館

1975.5.15 与儀公園

1976. 米海兵隊戦争博物館

1975. 嘉手納弾薬庫の中

1975. 愛楽園

1982. 辺野古

1992. 伊江島阿波根昌鴻

2011. 読谷村知花昌一

資料　シンポ開催に当たって

語り継ぐ

―はじめに―

高良　勉

日本復帰＝沖縄併合1年前の71年、沖縄では5・19と11・10の2回のゼネストが決行された。「沖縄返還協定に反対し、即時無条件返還を要求」するゼネストは、日本の戦後史で初めての唯一決行されたゼネストであった。

あれから、今年は50年目を迎える。5・19から11・10ゼネストへ昇り詰めていくとき、集会やデモでは「沖縄返還粉砕」の横断幕が掲げられていた。そう、沖縄住民は「日米返還協定による72年返還」を拒否し粉砕しようとしていたのだ。

多くの人々が、72年沖縄返還は新たな沖縄処分であり、沖縄再併合だと捉えていた。そして、その併合は日米共同の軍事植民地化に外ならないと分析していた。多くの人々は、それぞれの立場から、沖縄の未来は自分の未来と考え、ゼネストに決起した。タクシー運転手やサシミ屋まで、ストライキに参加した。

あの11・10ゼネストでは、松永優氏への冤罪弾圧も行われた。すなわち、ゼネストで死亡した警察官を助けようとした松永氏が殺人犯にデッチ上げられ、死刑が求刑された。その松永裁判を支援する市民運動が起こり、松永氏は「無罪判決」となり勝利した。

あれから50年、何らかの形で11・10ゼネストや松永裁判に関わった私たちは、一人ひとりが自らの闘いの過程と意義を問い続け、語り継いで生き延びてきた。とりわけ、市民・住民運動の体験は、その後の金武湾闘争や新石垣空港反対運動等に引き継がれ、今日の辺野古新基地建設反対闘争の中に脈打っている。

しかし、沖縄処分＝併合による日米共同軍事植民地化の中で、琉球弧は新たな米軍、自衛隊基地の要塞群島として再編されようとしている。だが、沖縄の労働運動、民主団体はヤマトと一体化され、ゼネストはおろかストライキさえ打てない状況になっている。この50年を振り返り、語り合い、語り継いでいきたい。そのために、私たちは「ゼネスト50年私の場合」のシンポジウムを成功させたいと思う。

※コロナ禍の中シンポは中止になりましたが資料として掲載します。

琉球新報　2021年９月28日

論壇

沖縄ゼネスト50年
尊厳求め人々は闘った

内海　正三

今年は沖縄ゼネストから50年の節目である。琉球・沖縄はサンフランシスコ講和条約において米軍統治下に置かれ、人権無視の圧制からの解放を求めて日本復帰運動を島ぐるみで行った。長い戦いの中で勝ち取ったと思えた沖縄返還協定は、在沖米軍の存続に加えて自衛隊の進駐を行うものであった。

1969年11月の佐藤・ニクソン会談において具体化した返還協定は米軍軍事支配からの脱却を目指した琉球・沖縄の人々に冷や水を浴びせる内容であった。その後も繰り返される米軍による人権無視の支配は1970年12月20日の住民によるコザ蜂起となって爆発した。

翌年に5・19と11・10の2度のゼネストで沖縄返還協定粉砕をテーマに運動は高揚した。しかし「人間性の回復」（当時の屋良朝苗琉球政府主席の言葉）を求めた琉球・沖縄の人々の願いは冷戦構造の中で日米政府によって抹殺される。

2度目のゼネスト直後の11月17日に屋良主席は「復帰措置に関する建議書」を持参して羽田に降り立ったが、国会到着前に政権を担う自民党の強行採決によって建議書は日の目を見ずに歴史の中に埋もれてしまった。

日本においてはマッカーサー連合国軍司令官によって中止させられた1947年の2・1ゼネスト以来ゼネストは計画すら立てられていない。なぜ米軍の弾圧下で琉球・沖縄では2度も実施できたのであろうか。米軍雇用者には解雇の脅しが、米軍相手の業者からはスト破りの露骨な介入が繰り返された。それでも人々は米軍の銃剣の前に立ったのである。

ゼネストは人々を被従属の関係から解き放つ大きな希望であり、津々浦々の人々から軍事支配を終わらせる契機となると考えられていた。それ故に運動に対する弾圧は過酷であった。

11・10ゼネストの一環としてのデモで不幸にして警備の警察官が亡くなった。現場で倒れた警察官を救助しようとした松永優氏が殺人罪で起訴され、「ヤマトの過激派の頭目」というデマで分断された中で、支援の市民会議の粘り強い活動もあり無罪を勝ち取った。

デモ現場は機動隊による無差別報復弾圧によって、デモと無関係の多くの一般市民が骨折などの傷を負い、その後もデモ参加者への捜索・逮捕が相次ぎ、マスコミ関係者ですら職場にも戻れない日々が続いた。

解放への最大の山場を弾圧によってつぶされたとはいえ、果敢に人間の尊厳を求める闘いを行った人々の行動を、半世紀後の現在において捉え返すことは重要であろう。（那覇市、会社役員、72歳）

光と色 沖縄から刺激

佐喜眞美術館 松永さん、染色作品展

松永優さん

「自分の中に潜む古代」をテーマにした松永優さんの染色作品展＝宜野湾市・佐喜眞美術館（同館提供）

埼玉県在住の染色家、松永優さん(74)の作品展が3日、宜野湾市の佐喜眞美術館で始まった。天然藍と金属箔《はく》を用い、「自分の中に潜む古代」をコンセプトとした作品46点を展示している。松永さんは「光と色は沖縄から受けた忘れられない刺激。今回が創作の集大成になればいい」と話した。14日まで。

染色の勉強のため復帰前の沖縄を訪れた松永さんは、1971年11月10日の沖縄返還協定に反対するゼネストに参加した。デモのさなか、警察官が死亡した事件で、殺人容疑をかけられたが、裁判は無罪だった。

現在は埼玉県を拠点に染色を続け、90年から沖縄でも定期的に個展を開いてきた。松永さんは3日、沖縄タイムス社を訪れ「染色を通して自分をアピールしたい。沖縄との関係の修復というと大げさだけれど、一人の人間として沖縄と向き合いたい」と語った。

佐喜眞道夫館長は「非常にテーマが大きな作家で貴重な存在だ」と評価した。

国連人権機関による日本政府への勧告

日本の法体系と国際法の関係―条約法に関するウィーン条約　第二十七条（国内法と条約の遵守）当事国は、条約の不履行を正当化する根拠として自国の国内法を援用することができない。

国際法が日本の法律より上位である。

日本国憲法　第98条　この憲法は、国の最高法規であつて、その条規に反する法律、命令、詔勅及び国務に関するその他の行為の全部又は一部は、その効力を有しない。

②日本国が締結した条約及び確立された国際法規は、これを誠実に遵守することを必要とする。

このように憲法でも国際法規への遵守を規定している。確立された国際法規とは国連の各種人権機関での決議であり、その代表的なものとしては世界人権宣言と自由権規約・社会権規約がある。

日本は国際連合に自主的に参加している。参加国は国際連合の規則・規約を守る義務がある。もし、それに不服なら戦前の日本のように脱退を選択することができる。

その国際連合には多くの人権機関が設置され、加盟国が決議や勧告を守る努力をしているか数年毎に加盟国審査を行っている（UPR=普遍的定期的審査）。

〈具体例〉

２００１年9月24日　社会権規約委員会が沖縄の人々を日本社会におけるマイノリティ集団として位置付け、法律上及び事実上の差別を無くす措置を日本政府に求めた。

２００８年　社会権規約委員会が琉球・沖縄の人々をIndigenous Peoples（先住民族※1）をして明確に認め、文化遺産や伝統の保護・保存、土地の権利を認めるように勧告した。

２００８年10月30日　自由権規約委員会が日本政府に対してアイヌおよび琉球・沖縄の人々を先住民族と認め、その権利も認めるように勧告。

２００９年　ユネスコが琉球・沖縄の民族性、歴史、文化について固有性を指摘。

２０１０年３月９日国連人種差別撤廃委員会　沖縄への米軍基地の不均等な集中は現代的な形での人種差別であり、起きん和の人々が被っている根強い差別に懸念を表明する。その上で、人権侵害問題の観点から、計画の現状や地元住民の権利を守る具体策について説明を求める質問状を日本政府に送った。

２０１０年４月６日　人種差別撤廃委員会　３月９日の懸念に加えて特別報告者の分析も同様の人権侵害を報告しており、沖縄の住民代表との改善の協議を持つことを勧告する。

２０１４年７月　自由権規約委員会が琉球・沖縄の人々が先住民族であるとして、「権利の保護」を勧告。

２０１４年８月　人種差別撤廃委員会が琉球・沖縄の人々が先住民族であるとして、「権利の保護」を勧告。

２０１４年８月20日　自由権規約委員会が日本は法制を改正し、アイヌおよび琉球・沖縄のコミュニティの伝統的な土地および天然資源に対する権利を十分保障し、可能な限り彼らの児童に対する彼等自身の言葉での教育を促進すべきと勧告。

２０１４年９月26日　人種差別撤廃委員会が日本政府に対して「ユネスコの琉球・沖縄の特殊性の承認にもかかわらず、琉球・沖縄の人々を先住民族と認めない立場を遺憾に思う。彼らの先住民族としての権利を促進・保護し、特に言語を保護するために彼らの言語による教育を促進し、学校教科書に彼らの歴史や文化を含めることと勧告。

２０１７年11月　国連人権理事会での普遍的定期的審査（UPR）において諸外国からマイノリティ

対策が不十分との指摘に対して、アイヌ以外を先住民族と認めない姿勢を繰り返す。

国連の各人権機関の勧告は問題が解決しない間は継続した課題として取り上げられ続ける。日本の態度を典型的に表すのは世界標準である権力から独立した人権機関の設置と個人通報制度への取り組みである。日本の人権制度の後進性は際立っており、日本においても独立した人権機関を作るべきとの指摘は世界の120カ国から、個人通報制度の批准は116カ国から指摘されている。

日本政府はいずれに対しても検討中と解答し、言い訳と先延ばしに終始している。国民向けの「日本は日本。日本は特殊」という言説で、あたかも国際法と国内法の二系列の法体系があるかのように宣伝しているが、国連に加盟している国は国際法の規約と規則を守る義務があり、国際法に触れる法律は改変されなければならない。

繰り返し国際人権機関から日本政府に対して琉球・沖縄の人々の先住の民としての権利を認め、改善するように勧告されている。しかし、このような重要な事実が国内においては殆ど無視されている。国際人権法の立場から日本政府に対応を変えさせたのはアイヌのウタリ協会がある。

1986年に当時の総理大臣である中曽根康弘氏が国会で「日本は単一民族である」と発言した。それ以前に国連の規約委員会への日本の報告書（1980年）でも日本には少数民族は存在しないとされていた。この総理大臣の発言に対してアイヌの人々が猛烈に反発し、国連への働きかけを行った。その結果、日本政府は「伝統的な文化や宗教や言語を否定されている人は居ないが、独自の宗教及び言語を保存している人々はいる」と変わり、マイノリティ対策を取らざるを得なくなった。

人類共通の課題としてマイノリティの権利擁護の動きが国連を中心にあり、そこに働きかければ日本政府も対応を迫られるという重大な事実がある。琉球・沖縄は1879年にいわゆる琉球処分によって日本へと併合された。それ以前は諸外国と外交条約を取り結ぶ琉球王国として存在した。この事実はアイヌの人々以上に琉球・沖縄の人々がIndigenous Peoples（先住民族）であることを証明している。そしてIndigenous Peoplesとして認知されれば、先祖伝来の土地に対する権利が認められ、そこでの軍事行動は禁止される（第30条軍事活動の禁止）。日米政府による軍事支配を撤去させる、これ以上の強い味方はない。

※1　Indigenous Peoplesを日本語の仮約では先住民族と訳している。日本語は国連文書の公式言語ではなく、この訳は世界では通用しない。「民族」と、ともすれば排外的なニュアンスがある日本語を当てることによってIndigenous Peoplesの権利の理解を歪めようとする策動が日本全国で見られる。それに対して沖縄国際人権法研究会では世界のIndigenous Peoplesをめぐる見解を発表して、策動が行われている全国の自治体へ送付した。以下に資料として掲示する。

２０１９年12月20日に採択された宜野湾市議会の意見書についての沖縄国際人権法研究会の見解表明

この文書の目的

宜野湾市議会によって２０１９年12月20日、「国連各委員会の『沖縄県民は日本の先住民族』とする勧告の撤回を求める意見書」が採択された。沖縄国際人権法研究会は、主として次の３つの観点から、この意見書に対し重大な懸念を表明する。

(1) 自治体議会の重要な役割のひとつは、住民の代表機関として、住民の権利を擁護する砦となることであり、住民の権利を阻害するすることではない。しかし宜野湾市議会の意見書は、その重要な役割を放棄するものであり、かえって、琉球・沖縄の人々の土地と資源の保全・活用に関する権利をはじめ多様な人権侵害をよりひどくするもの、沖縄の人々の権利保障に不利益を生むものとなっている。

(2) 世界の少数者、社会的弱者の人権擁護及び人権救済は、国連の設置目的のかなめであり、その目的の実現のために先人たちは国際人権条約を作り、国際人権保障システムを構築してきた。幾多の議論を重ねて蓄積されてきた「人権」の基準は普遍的なものであり、条約を批准している国々はその条約に基づく人権を尊重し、保護し、充足する義務がある。意見書は、この国連と国際的な人権保障システムへの理解を欠いていると言わざるを得ない。

(3) 国際人権保障システムにおいて用いられる“Indigenous Peoples”は文化人類学的な概念ではなく、DNAなどに基づいて規定されるものではない。Indigenous Peoplesは、近代におけるいわゆる民族国家の成立のなかで強制的に同化され、それまでの生き方や土地、権利を奪われてきた人々であり、集団として権利の回復を求めて闘い、権利を構築してきた誇り高い人々である。意見書は日本語の「先住民族」に付随する後進性などの誤ったイメージに捉われた時代錯誤の内容である。

沖縄国際人権法研究会は、国連勧告の内容の真摯な議論を求めるために、以下の見解を表明する。

(1) 自治体議会による住民の権利の制約

自治体議会は地域に生きる人々の人権の砦である。国連勧告の撤回を求めることは地域住民の人権の擁護・推進に資することなのだろうか?国際人権保障システムが“Indigenous Peoples”と認定することでどのような住民の権利が侵害されるのだろうか。

国際人権保障システムにおいて“Indigenous Peoples”に該当するかどうかは、国際人権法に基づいて各国政府や国連の専門機関、非政府機関、市民社会から情報を収集し議論を重ね判断してきたものである。琉球沖縄の人々が土地と資源に関する権利をはじめ、多様な人権侵害を受けてきた歴史と現状に基づいたものであり、これ以上の人権侵害を食い止めるため、沖縄の人々の権利を守る要石ともなる判断である。

これらの判断を否定する意見書は人権侵害の継続を許し、国際協力による琉球・沖縄の人々の権利救済を阻止するものになるであろう。琉球・沖縄の人々の権利への権力機構による抑圧、権利侵害と見なされるということである。

さらには、権利を奪われ、その救済を求めて闘ってきた世界中の多くの“Indigenous Peoples”に対する侮辱とさえみなされうる。権利を保障するための概念として、“Indigenous Peoples”は生み出され、権利保障の根拠とされる力を持つからである。自治体議会はこの力を引き出すことが本来の役割である。宜野湾市議会の意見書決議は、このような権利と力を否定するものであり、他の自治体議会が追随しないことを期待する。

（2）国連と人権促進の国際協力体制の否定

国連の存在目的の一つは、世界各国の人権保障を助長し奨励することである。当然ながら、国連の加盟国である日本には、国連と協力して普遍的な人権保障を日本国内においても促進していく義務がある。

さらに国連は、各国の政府や司法によって都合よく解釈されがちな人権について、国際的な人権保障システムを設けて、国際的・普遍的な人権の基準について議論を重ね、人権条約を批准した各国の人権状況について国際的基準への到達を求めて各国政府との対話の上で勧告を行ってきた。各国の人権状況の審査と勧告は、批准した国際条約に基づくものである。

国連憲章・世界人権宣言に基づきいくつもの国際人権条約が生み出され、各種の国際人権保障システムが作られてきたのはこのような背景があり、宜野湾市議会決議文にある「権利の保護に関しても、国内法にのっとり解決されるべきものであり、国連各委員会からの勧告を受けるものではない」という文言は、日本が国家として批准した結果として生じている国際法上の法的義務を否定するだけでなく、国際人権保障システムの存在意義を否定するものであり、さらに言えば、国連憲章上の義務を否定する提言にも等しい。

（3）意見書の根拠について

意見書ではＤＮＡ調査や琉球諸言語と日本語の類似性、屋良朝苗の国会演説、医療福祉サービスの充足などを「先住民族には当たらない」という主張の論拠にあげている。しかし第一に、国際人権法上の“Indigenous Peoples”はいわゆる文化人類学的な概念ではなく、生物学的・医学的同一性は重要ではない。次に琉球諸言語についてはＵＮＥＳＣＯといった専門機関が学術研究に基づいて「方言でなく言語」と認定していることは周知の事実である。沖縄における独自の言語、文化、歴史継承については、権利として認め積極的に保障することが求められている。第三に屋良国会演説であるが、意見書は屋良が国連憲章や平和条約締結の根本精神たる人道主義的立場、つまり人権保障のための日本復帰を唱えていたという重要な点を忘れている。日本政府は施政権返還にあたっても軍事目的を最優先し、国連憲章が求める人権保障を無視してきた。土地の権利保障を求めた島ぐるみ闘争をはじめ、復帰運動は権利を求める闘いであったことを忘れてはならない。第四に、人権保障とは医療、福祉、教育のサービスを充足させれば良いというものではない。国連が琉球・沖縄に関して、特に重視し救済すべきと考えているのは、奪われてきた独自の文化や言語であり、国策によって過度に集中させられた軍事基地の強化や存続のため、琉球・沖縄の人々の先祖伝来の土地及び資源に対する保全・活用の権利が侵害されているという事実である。その状況の改善に向けて“Indigenous Peoples”としての権利の保障を日本政府に要求しているのだ。日本政府がその認定を拒絶するのも、そのような権利を沖縄の人々に対して保障すれば、土地の権利をはじめ多種多様な人権侵害を沖縄にもたらしている米軍基地は存続できなくなるからである。

人権を保障するため、人権の砦として機能すべき自治体議会が、国際的な人権の基準は何か、なぜその点から沖縄は人権状況に問題があると指摘されているのか、勧告の中身は何かついて真摯に議論し、理解されることを熱望する。

松永市民会議でのエピソード

裁判闘争は弁護士さんには手弁当で頑張って頂きましたが、それでもいろんな実費は市民会議で、負担していました。日本の裁判のおかしな点で、起訴されると殆どが有罪となります。起訴された場合の有罪率は公表されている二〇一五年では、有罪が五万三千余件で無罪が七十件で、九十九．八六％もの高い比率で有罪判決が出されます。

特に警察官殺害の罪に問われている松永氏の場合は、厳しい判決が予想されたので丁寧な弁護活動が要求されました。その裁判費用の捻出のために日常生活では体験しないような取り組みも行いました。

今は使われていない与儀公園にある旧那覇市民会館を満員にした『アラビアのロレンス』の上映会は大成功を収めました。街角にポスターを貼り集客しました。

全国の支援者から募った蔵書を国場ビルの裏手にあった那覇市民集会場を使っての古本市も、何度も取り組みました。何人かの支援者は松永裁判に寄付するつもりで購入する本を決め、一年を通じて貯めた蔵書を送ってくれました。不要な本ではなく貴重な本も多く含まれていました。二万冊余りの本をでいご印刷で市民会議のメンバーが値段付けを行い、古本市会場に搬入します。毎回初日は県内の古本業者も含めて、ごった返す人気でした。

一九八〇年二月の古本市では、最終日に宮城恵美子さんが産気付き、急遽入院した産院で長女が出産しました。その子も現在は那覇市議になって弱者救済に取り組んでいることから、時代の移り変わりを感じます。

継続した取り組みとしてはサンゴ礁を守るための合成洗剤追放運動があります。合成洗剤を石鹸に切り替え、自然界で分解し悪影響を及ぼさない物を使用する必要は現在も重要です。県庁前の松尾に石鹸事務所を構え、多くの市民団体の拠点として活用されていました。那覇市の『市民の友』の配布を十名ほどのメンバーで担い、活動と生活を両立させる取り組みも行いました。ＣＴＳ阻止闘争や基地をのぞく会（覗くと除くをかけている）など多くの市民活動の軌跡が松永市民会議の活動の延長線上に描かれています。